JN196060

NPO支援組織の生成と発展

アリスセンターによる市民活動支援の軌跡

吉田忠彦

有斐閣

プロローグ

「本日付をもって，まちづくり情報センターかながわは解散をするという議案です。では，これにご賛同いただける方は，最後ですから大っきい拍手でお願いいたします！」

（拍手）

「はい。お疲れさまの拍手をいただけたと思います」

2023年7月15日，JR横浜駅西口からほど近い，「かながわ県民活動サポートセンター」の7階の会議室において，アリスセンター（まちづくり情報センターかながわ）の解散のための臨時総会が開かれ，最後の理事長となった川崎あやがアリスセンター解散の決議をとった。

そこには川崎のほかに初代の事務局長だった土屋真美子，2代目の事務局長だった川崎の後を継いで3代目の事務局長となった藤枝香織，終盤の理事長だった内海宏，初期からの会員で川崎市の職員の岡田実や中村茂など15名ほどの役員や会員が出席した。また，オンラインでは，運営委員会等で初期からアリスセンターを見守った吉田洋子や菅原敏夫らも参加していた。

アリスセンターは，日本がバブル景気に沸いていた1988年に設立され，35年にわたって神奈川県において市民活動の支援活動を行い，98年にNPO法（特定非営利活動促進法）が成立した頃には日本のNPO界のトップランナーの一角として注目を浴びた。「アリスセンター」という通称の親しみやすさや，その顔となっていた土屋真美子や川崎あやたち女性スタッフの活躍ぶりから，1990年代中盤以降ぞくぞくと誕生するNPOや中間支援組織の関係者たちから目標とされるような存在だった。

社会党の党首にもなった飛鳥田一雄の横浜市政をはじめ，長洲一二の神奈川県政，葉山峻の藤沢市政，あるいは美濃部亮吉の東京都政など，1960年代か

ら 70 年代にかけての革新自治体の時代を経て，80 年代には神奈川県では層の厚い市民活動が生まれていた。かつての労働組合を中心とした運動や，安保闘争などを中心とした学生運動はすでに下火になっていたが，フランスのアラン・トゥレーヌらのいう「新しい社会運動」の動きは日本でも着実に芽吹いていた。とりわけ神奈川県では，主婦たちを中心とした生活をめぐる運動としての生活クラブの活動も活発で，石けん運動などのエコロジー活動が起こったり，ワーカーズ・コレクティブなども誕生していた。また，アリスセンターが設立準備を開始した前年の 1986 年にはチェルノブイリ原発事故が発生し，世界的にも反原発運動やエコロジー運動が活発化していた。

　そうした新しい市民による活動のうねりの中でアリスセンターは誕生し，そしてまた市民活動をアリスセンターは支えてきたのである。しかし，アリスセンターを語るのに，ただ 35 年にわたって市民活動を支援する活動を行ったというだけでは十分ではない。アリスセンター自体の組織規模は小さかったものの，それに関わった人びとは数多く，そして多彩だった。いわゆる社会運動や市民活動を中心としながらも，その属性は建築家，弁護士，公務員，大学教員，会社員，主婦，学生などさまざまであった。そしてまたアリスセンターが行ったことも多様だった。

　解散のときにこそ 3 代にわたる事務局長が顔を揃えたが，彼女たちはあたかもバトンリレーのように，それぞれの時代のアリスセンターを切り盛りした。事務局長たちだけではなく，役員やスタッフもさまざまな人びとが入れ替わっていったし，アリスを取り巻く外部の人びともまたさまざまな出入りがあった。

　アリスセンターといっても，それに関わった時期や場面によって，そしてそれぞれの人によってその意味は異なることだろう。あるいは，同じ時期にアリスセンター関係者として関わっていた人たちの間でさえ，その意味はそれぞれで異なっていたのである。

　こうした組織と人をめぐる関係の多様性やその変化は，アリスセンターに限ったことではない。ところが，多くの場合，組織というものが擬人化されて，そのライフ・サイクルが描かれたり，あるいは創業者などの特定の個人のライフヒストリーのひとコマとして描かれる。問題関心によっては，そうした切り取り方で十分なこともあるのかもしれないが，異なる時期にその組織に関わっ

解散シンポジウムでの３代事務局長。左より初代の土屋真美子，２代目の川崎あや，３代目の藤枝香織（2023 年 4 月 22 日，筆者撮影）

た者から見れば，そうした組織の物語は自分とは関係のない他所のことのように感じられるかもしれない。あるいは，都合のよい神話が後続の関係者たちによって語られることになるかもしれない。

　ある特定の人物や，組織や，事件の経緯を記述する研究方法や，あるいはその結果としての記述物は，モノグラフとよばれる。研究対象が単一であるということではシンプルな研究方法であり，またオーソドックスな方法である。しかし，その対象をより詳細に記述するために用いられる方法はかなり多様である。参考となる資料はあらゆるものが利用され，インタビューや観察なども行われる。

　本書のアリスセンターを対象とした記述は，やはりモノグラフというべきものかもしれない。しかし，本書で強調されるのは，たしかにひとつの組織を対象とした観察や記述ではあるが，同じものを見ていたわけではないということである。つまり，アリスセンターはずっと同じ状態のものではなかったのである。組織としての看板こそ同じアリスセンターであっても，実際のアリスセン

ターは，それを構想した人びとの構想どおりにはならなかったし，事業内容も常に模索されながら変化していった。組織の内外の関係者も変わっていった。アリスセンターという名の下に，さまざまな人や事業の関係の束が常に変化し続けていたのである。それをどこかの時点で切り取って，そのスナップ・ショットの状態を比較することは可能かもしれないが，そうした実際の動態的な姿を無視してか，あるいは知らずに，単純に複数ケースを比較しても，少なくとも組織というもののリアリティは示すことはできないだろう。

　専従職員数名にアルバイトやボランティアが加わっても 10 人にも満たないスタッフで，事業規模もせいぜい数千万円といった組織は，企業を対象とする経営学の組織論では取るに足らない零細事業でしかない。しかもスタートアップの時期がというのではなく，35 年間ほとんど職員数や事業費も拡大することなく，最後の 10 年ほどは専従職員もいない状況だった。しかし，多様な関係者が出入りし，多様な活動が実践された組織の姿を記述するということでは，このアリスセンターの歴史は非常に示唆に富んでいる。さまざまな人びとの思いや価値観，あるいはロジックが持ち込まれ，それを実現するための活動が模索され，実践されながら修正されたり，立ち消えになったりという様子は，こうした市民活動団体だからこそよりくっきりと観察できるのである。

なぜアリスセンターに着目するのか

1　組織論として捉える

　本書の目的は，アリスセンターという組織とそれに関わった多くの人びとの活動やその背景を詳細に記述することによって，そもそも組織とはどういうものなのかを再検討することである。「組織」という名の下にまとめられる諸活動や諸関係は，組織という単一の主体による意思や活動なのではなく，実際はそれを成立させている人びとの，それぞれに異なる目的や意思とそれを背景にした諸活動の総体であって，それらが相互作用し，そして常に変化しながら，一定の枠組みとして維持されている状態にあるものである。その一定の枠組みというのは，法人格であったり，経済的な状態であったり，組織メンバーの組織へのコミットの水準などであり，それらの状態がバランスを取りながら一定の枠組みに収まっている間は組織として成立しており，それらの要素のいずれか，あるいは全体のバランスが崩れると組織としての形を失ってしまう。

　こうした組織としての形は，企業のような組織の場合は倒産といった状態によって失われたと見なされるが，運動体や市民活動団体などの場合はそれほど単純ではない。活動が休止されて休眠状態になっても，時が来れば復活したり，専従職員やオフィスを失いながらも，他の組織に間借りのような形で生き残っていたりする。組織メンバーも他の仕事で食いつないだり，仮の姿としての活動を行いながら，その組織の火を消さないように努めていたりする。あるいは，

もともとがその組織への参加は，その人にとってはさまざまな活動の中のひとつにすぎないという場合もある。

　社会構築論，構造化理論，制度理論，アクター・ネットワーク理論など，最近の社会科学における理論動向のひとつは，組織やその構成要素の再帰的関係性を前提としている。経営学分野においても，かつて H. ミンツバーグは，管理者が日常的にどんな活動を行っているのかを実直に日記形式で記述することによって経営管理の中身を解明しようとしていたし[1]，経営戦略論においても，「戦略」の名の下に実際にどのような実践が行われているのかを「実践としての戦略」（strategy as practice）として分析する試みが進められている[2]。

　「経営」にしても，「戦略」にしても，あるいは「組織」にしても，それらがブラックボックス化されてしまうことで，人びとによって実際に行われていることがその中に埋もれて見えなくなったり，追求すべき活動が追えなくなってしまう。こうした問題認識から，ブラックボックスをこじ開けて，その中身である実際の活動を詳細に記述したり，あるいは歴史的な経緯を記述することが重視されるようになっているのである。

　本書においては，こうした問題意識から，既存の組織理論を前提にケースを分析することによる弊害を回避するために，できる限りそうした既存の理論や概念，あるいは用語を用いずに，実際の組織や人びとの関係性や意図，そして具体的な活動のつながりや変化を記述することをめざした。この作業を通して，これまでの組織の理論からこぼれ落ちたり，見えなくなってしまった事がらを拾いあげるというのが本書の目的なのである。

　アリスセンターに関係した人びとは多種多様であったが，アリスセンターだけに一貫してコミットした人はいない。また，アリスセンターとして行った事業もほとんどが変わっていった。逆に，アリスセンターが設立される前から市民運動や市民活動を行っていた人びとはいたし，アリスセンターが解散してからも活動を続ける人びとがいる。そうした組織とそれを構成する人の実際の姿を，あらためて確認することが，既存の組織論の視点を拡張する可能性を持つと考えられる。

2　アリスセンターとは

　まちづくり情報センターかながわ（以下，アリスセンター）は，神奈川県を中心として，さまざまな市民活動を支援する事業を行う組織で，日本における市民活動や NPO の支援センターのパイオニアとされている。1988 年に神奈川県横浜市で設立され，それから 11 年ほどは法人格を持たない任意団体として活動し，98 年に特定非営利活動促進法が施行されると，その数カ月後には特定非営利活動法人となり活動を行ってきたが，2023 年 7 月 15 日に臨時総会にて解散が決議され，35 年にわたる歴史の幕をおろした。

　アリスセンターは，特定非営利活動促進法が成立するより 10 年も前から市民活動に関する情報の提供，市民活動の事務局，市民活動に関する調査，また自治体の市民活動施策に対するアドボカシー活動などを行ってきた。そのため，その後に続々と設立される NPO や中間支援組織からこの分野の先駆者として注目され[3]，さまざまなフォーラムなどに事務局長をはじめとする関係者が登壇し，その存在感を示してきた。

　たとえば，日本 NPO センターによる初めての全国的な NPO のフォーラムとなった「NPO フォーラム '97 in かながわ」ではアリスセンターが地元事務局を担い，代表の緒形昭義をはじめアリスセンターの関係者がいくつかのセッションのコーディネーターを務めた。その後も日本 NPO センターのイベントやまちづくり関係のシンポジウムなどに事務局長の川崎あやなどが頻繁に登壇している。また，日本 NPO センターのニューズレターである『NPO のひろば』の創刊準備号では，その後に続く全国の NPO の情報拠点の紹介コーナー「訪ねてみました情報拠点」にトップバッターとして紹介された[4]。あるいは，日本で旋風を巻き起こしたリップナックとスタンプス夫妻の『ネットワーキング』に触発されて設立されたネットワーキング社会研究所が発行した『NWer（ネットワーカー）』誌の創刊号に，日本ネットワーカーズ会議の紹介やリップナックとスタンプス夫妻のインタビュー記事とともに「ネットワーキング交遊録」コーナーのトップバッターとしてアリスセンターと当時の事務局長の土屋真美子が紹介されている[5]。

表序-1　アリスセンター略年表

1986（昭和61）年	生活クラブ神奈川の横田克巳，建築家の緒形昭義，元横浜市職員の鳴海正泰が，長洲知事を囲む会で市民活動の情報センターをつくることを構想する。
1987（昭和62）年	設立の準備が始まる。 準備事務所開設（10月）。専従1名，アルバイト2名のスタッフの人件費を生活クラブ生協・神奈川が負担する。 『らびっと通信』創刊（12月），パソコン通信「ワンダーランド・かながわ」開設。
1988（昭和63）年	アリスセンター発会式（5月）。 『らびっと通信』（月2回発行）に市民活動のイベント情報などを掲載する。以後『たあとる通信』等に模様替えしながら中心事業のひとつとして継続される。
1989（昭和64，平成元）年	トヨタ財団の市民活動助成「市民活動を取り巻く「しくみ」の現状と課題に関する調査・検討」。
1990（平成2）年	アースデイかながわ連絡会の事務局としてリーフレット『地球を救う127の方法・日本版』作成，5万部完売。
1992（平成4）年	市民活動マネジメント講座，横浜市からの委託事業などのほかにファイバーリサイクルネットワークの事務局を担う。 空き缶処理協会からの委託事業「商店街における廃棄物処理の実態調査」 『らびっと通信』100号突破（9月）
1993（平成5）年	『（もっと）²神奈川』発行（グラスルーツinかながわプロジェクト）（8月）。
1994（平成6）年	受託調査，研究，企画部門として有限会社アリス研究所設立（5月）。
1995（平成7）年	ピアネット設立（障害者とワープロ，パソコン通信研究会），事務局を担う。 中村地区まちとくらしを考える会発足（事務局委託）。 横浜市や川崎市からの委託事業を複数受ける。
1996（平成8）年	4月にかながわ県民活動サポートセンターがオープン。アリスセンター総会の企画「サポートセンター ——民間と行政の役割分担と連携」。 インターネット・ホームページ開設。
1997（平成9）年	日本NPOセンターによる初の全国集会「NPOフォーラム'97 inかながわ」の現地事務局を担う。
1999（平成11）年	NPO法人化（5月）。 よこはま市民運営施設ネットワーク発足，事務局運営。

2000（平成12）年	『らびっと通信』が廃刊となり，ネット上の「らびっとにゅうず（メールマガジン）」と『たあとる通信』（季刊）に。
2001（平成13）年	初代事務局長退職（3月）。 神奈川子ども未来ファンド設立準備委員会発足・事務局運営。 かながわボランタリー活動基金21 に対する政策提言。 緒形に代わり 30 歳の饗庭伸が理事長に就任（9月）。
2002（平成14）年	NPO スクエア（NPO 共同事務所）開設（2月）。 トヨタ財団の市民活動助成「NPO の政策提案力の開発と，NPO の参画を保障する自治体の政策形成システムの提案」。
2003（平成15）年	かながわボランタリー活動推進基金21 制度検討会への参加。 勤労者マルチライフ支援事業（受託事業）。 『ウサギもカメもよくわかる NPO 実務』テキスト発行。
2006（平成18）年	2 代目事務局長の川崎退職，横浜市市民活動支援センター運営委員会に。藤枝香織事務局長就任（6月）。
2007（平成19）年	「エコシティたかつ」循環型都市構造創造推進事業基礎調査。 法政大学大学院「まちづくりと都市政策セミナー」の企画・運営協力。
2008（平成20）年	「CSR から協働へ」連携公開講座（明治大学，横浜市立大学，神奈川県中小企業団体中央会との共催）。 川崎市高津区からの委託事業「エコシティたかつ」始まる。
2009（平成21）年	社会的企業家育成に関する研究（明治大学非営利・公共経営研究所との連携）。 「エコシティたかつ」推進事業（川崎市高津区から受託）。
2010（平成22）年	アリスカフェ開始。
2012（平成24）年	「アリスセンターの25年を振りかえる実行委員会」発足。 1 名を除いて役員が交代（10月）。
2013（平成25）年	「エコシティたかつ」推進事業完了，3 代目事務局長退職。 アリスセンター 25 周年記念会合（5月18日），『たあとる通信・アリスセンター設立 25 周年記念特集号』37 号（4月）-40 号（7月），25 周年記念対談交流会（第1回 7月16日，第2回 7月29日）。
2014（平成26）年	アリスセンター経理担当役員による不正行為が発覚。当該理事は解任，アリスセンターは告訴する。
2022（令和4）年	理事長の内海宏が体調不良により，川崎あやと交代。 総会にて 2023 年内に解散することが決定。
2023（令和5）年	アリスセンター・シンポジウム「市民社会に向けた社会実験——アリスセンターの経験をバトンタッチする1日」（4月22日）。 臨時総会で正式に解散（7月15日）。

（出所）　筆者作成。

横浜市中区弁天通のビル内にあった最初の事務所内の様子。学校が休みの日には，スタッフは子ども連れで出勤した。（写真提供，川崎あや）

　それまでの多くの市民活動や市民運動の組織が，イベントやデモ活動などのときにだけアド・ホックに活動したり，その事務局もどこかの団体がワンポイントで担うような態勢であったのに対して，アリスセンターは最初から常設の事務所を構え，専従のスタッフを有していた。この点が，いわゆる中間支援組織といわれるもののパイオニアと目されるゆえんであった[6]。

　また，ボランティア，国際協力，環境保護，女性などの活動分野に限定せずに，さまざまな市民活動全般を対象とした点も，今日の中間支援組織としての性質を先取りしていた。まちづくり情報センターかながわという正式名称には「まちづくり」という言葉は入っているものの，実際には「まちづくり」という言葉で表現される活動はさまざまな分野にまたがっており，特定の分野を示す言葉ではない[7]。

　設立時から有給の専従者1名にアルバイト・スタッフ2名の人件費は応援してくれる団体から提供され，そのほかには200名から300名ほどの会員からの会費収入が300万円ほどあった。設立して数年後には助成金を受けたり，委託事業などが入るようになった。そうした委託事業の受け皿として，1994年に

有限会社アリス研究所を設立している。それは法人格がないと助成や委託事業が受けにくいためだったが，1998年にNPO法が成立したために，本体のアリスセンターを99年にNPO法人化し，それに伴って有限会社アリス研究所も解散させている。有限会社アリス研究所で受託していた委託事業は，年間2000万円から多い年では4000万円ほどだった[8]。

しかし，アリスセンターの事業や役員そしてスタッフは，設立時から今日に至るまでの間にかなり変化があった。それはひとつには日本における市民活動の状況が変化したためであったが，一方ではアリスセンターの組織自体の成長あるいは方向性の模索の結果でもあった。

まだ日本で「NPO」や「中間支援組織」という言葉が使われていなかった頃から活動を始めたアリスセンターは，どのようにして「中間支援組織」といわれるものになっていったのか。あるいはその言葉に集約されていった活動はどんなものだったのか。はたして「中間支援組織」と呼ばれるものがアリスセンターの追求するところだったのだろうか。

3　本書の構成

これらを検討するために，まず第1章ではアリスセンターの設立の背景と経緯を見る。アリスセンターを構想した人びと，事業を模索した人びとのバックグラウンドや，こうした組織が構想された時代背景が記述されている。

第2章においては，アリスセンターの初期の時期において，スタッフたちによって具体的な事業が模索された様子を見る。「情報センター」としてのあり方に大きな転回が起こった様子も描かれている。

第3章においては，NPO法が成立したのを受けて法人化したアリスセンターの変化の様子が描かれる。法人化を機会に，設立からその後の10年ほどにわたって後見人のような役割を果たしてきた運営委員会から，役員の顔ぶれが一新され，若返りが図られた様子が描かれる。

第4章では，NPOがブームのようになる中で，NPOの支援施設や支援組織が増加する様子と，それに対してのアリスセンターの行動を確認する。また，中間支援組織という言葉の普及とその課題について整理される。NPOやサ

ポートセンターのパイオニアと目されたアリスセンターにとって NPO ブーム
は追い風であったが，そうした NPO やサポートセンターの盛り上がりにス
タッフたちはある種の違和感を覚える様子や，行政による支援施設が増加し，
そしてまたその管理運営の事業を受けながら急増していく後発の NPO 支援組
織の様子，それらがアリスセンターに及ぼす影響が記述される。

　第 5 章では，アリスセンターの 2 代目の理事長を中心にアドボカシーをミッ
ションとしていく様子と，アリスセンターの新しい共同オフィスへの入居やそ
の後の解散に至る経緯が描かれる。

　第 6 章では，それまでの記述を踏まえての考察として，「おおぜいのアリス
たち」がアリスセンターを形成していたという視点を示す。

　そして終章では，本書で見てきたアリスセンターという組織とそれに関係し
た人びととの関係から，組織というものはその時どきに関与する人びとが乗り
降りする乗り物のようなものであることを論じる。

4　調査の方法

　組織を形成していると思われる人びとの意図，関係性そして具体的な活動や，
その変化を記述するために，本書においては主にドキュメンツの分析，インタ
ビュー，現場観察を行った。また，調査の対象期間は，アリスセンターの設立
前から解散に至るまでの約 35 年という長期のものとなっている。調査自体も
約 20 年にわたっての観察やインタビューが中心になっている。

　ドキュメンツの分析としては，もともとアリスセンターは情報センターをめ
ざして立ち上げられたこともあり，大量の機関紙，機関誌，報告資料が存在し
ており，可能な限りそれらを収集し，分析した。あわせてアリスセンターや関
連する団体等に関する論文なども分析した。さらに，参与観察の中で入手する
ことのできた内部資料についても分析した。主なドキュメンツとしては，アリ
スセンターが活動を開始した 1987 年から約 10 年にわたって刊行された機関紙
『らびっと通信』275 号分，その後を引き継いで冊子形態で刊行された機関誌
『たあとる通信』40 号分である。また，本文中でも指摘しているが，アリスセ
ンターを構想した人びとやスタッフたちは，かなり活発に出版物への投稿を

1994年4月20日号（第135号）

毎月2回　5日・20日発行／1部100円

発行／アリスセンター ☎045-212-5835 Fax045-212-5826
〒231 横浜市中区弁天通り2-26-3C

●アリスセンター活動情報
ありす ALICE

「実りの春」に向けてラストスパート！

　年度の変わり目となり、アリスセンター関連の事業や活動が大詰めをむかえてきました。そのうち2つの中間報告です。他の活動も含めて、どうぞご期待。

・ファイバーリサイクルネットワークによる、紹介ビデオの作成が進行中です。環境庁の助成をうけた活動で、プロの映像作家を招いたワークショップを通じて、ファイバーリサイクルネットワークのスタッフ自身が、撮影・編集を担当し、回収の現場の紹介や、参加者の生の声などが満載されたものになる予定です。

・金沢区のまちおこしマップ（仮称「金沢発見伝」）が完成間近です。横浜市金沢区に在勤・在住の市民と行政職員のボランタリーなまちづくりグループ「SKOP」が、イベント、ワークショップ、アンケート調査などの、まちづくり活動を展開しており、昨年度よりアリスセンターは活動のお手伝いとして参加しています。この活動の成果の一つの、まちおこしマップがまもなく完成します。

　このマップは、ワークショップ参加者が、地域の自慢、おすすめの場所などを紹介したものがもとになっており、ひと味違った金沢案内になっています。イラスト、デザインは、らびっと通信、『もっと！神奈川』に続き石岡さん！　彼女の代表作の一つになりそうです。お見逃しなく。（詳細は続報にて）

『らびっと通信』No. 135（1994年4月20日号）。1995年4月ごろまでは，表紙デザイン，イラストは石岡真由海が担当した。

行っている。それらも可能な限り収集し分析した。

　本書のためのインタビューは，当時は事務局長だった川崎あやへの 2005 年のインタビューなどを除いては，主に 2019 年から 5 年間の間に行われた。平均して 2 時間程度のインタビューはすべて録音され，反訳されている。また，録音されたインタビュー以外にも，さまざまな機会に，立ち話のような形での聞き取りも行われた。さらに，関係者との E メールのやりとりによって収集された情報も多く，その一部は本文中にも引用されている。

　現場の観察としては，横浜市のワールドポーターズ内の NPO スクエアにあったアリスセンターのオフィス，アリスセンターが開催したイベント，アリスセンターの関係者が登壇した日本 NPO センター等でのフォーラム，アリスセンターの会議等で行った。また，アリスセンターの準会員，正会員，委員として会議やイベントに参加し，参与観察を行った。

　これらの方法によって収集したデータに基づいて，関係者の動向や事業内容を時系列に整理した詳細な年表を作成した。また，その年表と本書の草稿は，インタビュー対象者やアリスセンターのその他の関係者から事実確認のチェックを受けた。本書の草稿と年表のファイルまたはプリントアウトは，インタビューの前にインタビュイー（回答者）に送られ，事前に目を通してもらい，インタビューの中で事実確認をしたり，また関連事項の情報を受け，インタビューごとに加筆・修正をくりかえした。また年表に関しては，インタビュイーごとにそのインタビュイーの当時の年齢やプロフィール情報などを追記したものにして，記憶がより正確になるようにした。これらインタビュイーごとに追記した年表については個人情報が多いために，インタビューのためだけに利用し，非公開とすることをインタビュイーに約束した。その年表を双方で見ながら行ったインタビューでは，インタビュイーのオーラル・ヒストリーに近い内容も含まれるため，録音記録や反訳は本人の了解なしで公開しないことも約束した。そしてそのインタビューによって得られた情報やインタビュイーの発言を記述した場合には，かならず公開前に確認してもらうこととし，匿名化や削除などの要望があった場合にはその指示にしたがった。

　一方，すでに故人となっていたキー・パーソンのライフ・ヒストリーについては，公開された文献等の情報に基づいて記述しているが，他のインタビュ

イーから提供されたそのキー・パーソンに関するコメントやエピソードなども記述している。

アリスセンターの関係者とのやりとりやインタビューの時系列的な流れ，草稿からモノグラフそして本書に至る経緯などについては「あとがき」でもふれられている。

注 ─────────

1　Mintzberg（1973）＝奥村・須貝訳（1993）。

2　Johnson *et al.*（2007）＝宇田川ほか訳（2012）。

3　「中間支援組織」あるいは「NPO サポートセンター」などの言葉ないし概念自体が明確に定義されていないため，アリスセンターが日本で最初の中間支援組織であると断定しているわけではない。

4　日本 NPO センター（1997）。

5　ネットワーキング社会研究所（1989）10–11 ページ。

6　たとえば，日本 NPO センターでは，「NPO 支援センターとは，次の4つの条件(1) NPO の支援（主に団体・組織の支援）を行っており，(2)分野を特定せず，(3)常設の事務所があり，(4)日常的に NPO に関する相談に応じることのできる職員がいる，を全て満たしているセンターとする」として実態の調査を行っていた。日本 NPO センター（2008），4 ページ。しかし現在では常設の拠点を持つ支援施設と，必ずしも常設の拠点を持つとは限らない支援組織とを区別しつつ，以下の3点を NPO 支援センターの一覧の条件としている。①（個人ではなく）NPO の組織支援を主としている。② NPO の組織相談に対応できるスタッフが常勤している。③ 分野を限定せずに支援をしている。日本 NPO センター，ホームページ「NPO 支援センター一覧」https://www.jnpoc. ne.jp/activity/npo-supporter/to-connect/npo-support-center/，2024 年 8 月 1 日確認。

7　たとえば，『まちづくりの百科事典』において編集委員代表の似田貝香門は，その冒頭で次のように述べている。「まちづくりは，いまや，密集住宅修復，環境，景観，歴史・文化，福祉，中心市街地の再生，地域雇用に至るまで多様に展開され，住民参加，専門家，NPO・NGO，行政等の関係主体との協働，条例等の自治体の固有のルールでの支援と補完（時に競争と対立を含みながら）を伴い，全国的に展開している」（似田貝ほか編，2008，xiii ページ）。

8　まちづくり情報センターかながわ（2001b）56 ページ。

第1章

アリスセンター設立の経緯

1　初代代表　緒形昭義

その経歴

　1988年5月21日，神奈川県の県政総合センターにて，約180名の参加者を集めてアリスセンターの発会式が行われた[1]。これがアリスセンターの公式的なスタートである。しかし，実質的な活動はその前年の秋からすでに始まっていた。1987年10月に準備事務所が開設され，12月には機関紙である『らびっと通信』の創刊号が発行された[2]。

　アリスセンターの初代の代表となったのが，建築家の緒形昭義だった。アリスセンターの事務所も，横浜市関内弁天通にある緒形の群建築研究所と同じ建物の中に置かれた。緒形はアリスセンターが活動を開始してからNPO法人化した1年後の2000年まで，約12年間にわたって代表を務めた。また，法人化した際の初代の理事長でもあった。アリスセンターは市民活動団体としてはめずらしく最初から事務所を構え，専従のスタッフが置かれた。具体的な事業などはそのスタッフたちが手探りしながら展開していったが，団体の設立前から約12年にわたってアリスセンターの顔となり，さまざまな関係者とともにアリスセンターを支えた中心は，なんといっても緒形であった[3]。

　緒形は1927年に東京の深川区（現在の江東区深川）に生まれ，東京府立第九中学校，都制施行により都立高等学校になる直前の旧制府立高等学校の高等科

らびっと通信

発行　アリスセンター（まちづくり情報センター・かながわ）　　第1号　12月20日
〒156 横浜市中区弁天通り2-26-3A ☎ 045-212-5835 パソコン通信 045-212-5823

パソコン通信はじめました！！！

アリスセンターが準備をすすめていたパソコンネットワーク「ワンダーランド・かながわ」がようやく、稼働にこぎつけました。

　御存知のこととは思いますが、パソコン通信のことをざっと説明させていただきますと、パソコン通信とは、パソコンやワープロを電話回線を通すことによってホストコンピューターと接続させ、ホストコンピューターの提供する様々なサービスを受けられるようにしたものです。
「ワンダーランド・かながわ」は、コミュニケーション中心型で、利用者は情報を引き出すだけでなく、情報の発信者としても利用できることにその特徴があります。地域住民の間のコミュニケーションに止まらず、学者、行政、専門家の参加による地域の問題の議論などにも活用していく予定です。
「ワンダーランド・かながわ」の提供するサービスは以下の通りです。

1. 「伝言板機能」
   駅の伝言板と同様、メッセージを掲示できます。集会や催し物、求人情報やリサイクル情報に使えます。

2. 「郵便」機能
   特定の相手を指定して、文書を送る機能です。特定の会員あての連絡などに使えます。

3. 「会議」機能
   テーマと参加者を指定して、議論をおこなうものです。時間差をもった筆談での会議です。冷静且つ論理的な意見の交換が行えます。

このような「ワンダーランド・かながわ」、お手もちのパソコンやワープロが通信可能ならば、以下の設定で試験的にアクセスすることができます。また、アリスセンターでも開放していますので、ぜひ、お立ち寄り下さい。

```
通信設定データ　通信☎045-212-5835　　1200BPS、8ビット、パリティなし
                                      ストップビット1、シフトJIS、X-on あり
                                      ローカルエコーなし　、CR+LF
                ゲストID=999　パスワード=ALICE
```

『らびっと通信』第１号（1987 年 12 月 20 日発行）

を経て，1947 年に東京大学に入学した。大学では，後に飛鳥田一雄の横浜市政において都市プランナーとして活躍する田村明と，工学部建築学科で机を並べ[4]，1950 年に卒業した[5]。

　卒業後は横浜国立大学の建築科の河合正一研究室の助手となった。そこで神奈川県の住宅供給公社の横浜・川崎地区公社アパート調査，横浜市中心市街地利用調査などを担当していたが，1967 年には横浜国立大学の非常勤講師を続けながら，自らの群建築研究所を立ち上げた。

　緒形の最も古くからの友人の一人で，高校と大学で同級生であった武井昭夫によると，緒形は終戦間近の 1944 年に入学した高校時代には，当時はまだ知る人の少なかったシュールレアリスムのダリや，音楽ではストラヴィンスキーなどを好み，「総じてかれの知識と感覚は，戦中の高校生のそれとしては，一際モダンで斬新，垢抜けていた」という[6]。

　その緒形が，おそらくは数学者ガロアの「群」概念から名前を引いたと思われる群建築研究所によって手がけた設計は[7]，やはりユニークなものが多かった。1969 年に設計した横浜市竹山団地は，人工池を中心に据えた住宅団地ゾーンを形成し，エコロジーの動向を先取りしていた。神奈川県下の建築コンクールで優秀賞や最優秀賞を受けた藤沢市労働会館（1975 年竣工）は，正面部分の外側に非常階段がらせん状に付き，レンガ造りのホール，空中広場などを備えていた。そのほかにも，緒形は湘南大庭市民センター・公民館（1985 年竣工），生活クラブのオルタナティブ生活館（85 年竣工），そして小学校，中学校などの設計を手がけた。緒形の手がけた建築物は必ずしも多くはないものの，それらはル・コルビュジエや前川國男に影響を受けたモダニズム建築として今日でも評価されている[8]。

緒形と革新自治体

　緒形は建築設計と同時に，市民の立場からの政治運動や，社会課題解決に向けた市民活動にも早くから関わっていた。緒形が横浜国立大学の助手だった頃の横浜市では，革新自治体の旗手で，後に日本社会党委員長となる飛鳥田一雄が首長を務め，数々の先進的な取り組みを行っていた。そこでは飛鳥田が市長就任に際して東京都政調査会から招いた鳴海正泰が企画調整局専任主幹として

表 1-1　緒形の建築作品一例

1. 竹山団地センターゾーン（昭和 47 年神奈川県下建築コンクール優秀賞）
   竣工　　　：1972 年 3 月
   住所　　　：神奈川県横浜市緑区鴨居
   構造・階数：RC 造，地上 6 階
   延床面積　：10971㎡

2. 寿町労働福祉会センター
   竣工　　　：1974 年 9 月
   住所　　　：神奈川県横浜市中区寿町
   構造・階数：SRC 造，地下 1 階・地上 8 階
   延床面積　：9632㎡

3. 藤沢市労働会館（第 21 回神奈川県下建築コンクール最優秀賞）
   竣工　　　：1975 年 12 月
   住所　　　：神奈川県藤沢市本町
   構造・階数：RC 造，一部 S 造，地下 1 階・地上 4 階
   延床面積　：2533㎡

4. 神奈川県立婦人総合センター基本構想
   計画　　　：1979 年 3 月
   計画地　　：神奈川県藤沢市江ノ島

5. 湘南大庭市民センター・公民館（第 31 回神奈川県下建築コンクール優秀賞）
   竣工　　　：1985 年 10 月
   住所　　　：神奈川県藤沢市大庭字裏門
   構造・階数：RC 造，一部 S 造・地上 2 階
   延床面積　：2533㎡

6. オルタナティブ生活館
   竣工　　　：1985 年 8 月
   住所　　　：神奈川県横浜市港北区新横浜
   構造・階数：RC 造，一部屋根 S 造，地下 1 階・地上 6 階
   延床面積　：1840㎡

（出所）　緒形昭義氏追悼文集編集委員会編（2008）64 ページ。

活躍していた。また，飛鳥田市政 2 期目からは緒形と大学で机をならべた田村明も新設された企画調整室に入り，その後，企画調整室が企画調整局となると，田村は局長として飛鳥田を支えた[9]。

　緒形は，飛鳥田市長を支える外部のブレーン集団のメンバーの一人として活躍した。それをコーディネートしていた鳴海とは，横浜市磯子区の汐見台団地におけるコミュニティ活動の仲間として活動するなど，さまざまな場面で行動をともにした。アリスセンターの立ち上げも，そんな二人がいっしょに取り組

んだことのひとつだった。

　1975 年に長洲一二が神奈川県知事に就任した際にも，緒形は長洲のブレーン・メンバーの一人となった。知事に就任する前の長洲は横浜国立大学の経済学部教授で[10]，江田三郎たちと社会党の構造改革派を牽引したが，知事就任に際しては神奈川県庁の古い体質を変え，政策官庁となることをめざした。それを実行する方法として，大統領補佐官のようなスタッフを置いた。さらに，中央省庁の下請のような自治体ではなく，自らの政策は自ら策定することができる能力を備えるために，多いときには 100 名を超える大学教員などの「ブレーン団」を擁し[11]，職員の自主研究なども奨励した[12]。これまでの中央集権型社会から地方分権型社会へ転換すべきだという長洲の「地方の時代」という言葉は，当時の時代の状況に合っていたことや，長洲は知事になる前からテレビにもしばしば出演する著名な経済学者であったこともあり，時代のキーワードになったという[13]。

　「地方の時代」を実現に向けて全国に広く提唱するために，神奈川県は「第一回地方の時代シンポジウム」を 1978 年 7 月に開催した。磯村英一，大河内一男，辻清明，増田四郎を議長団に，6 つの分科会でも著名な学者・専門家が70 名ほど参加し，当時の「日本の知性の集結が一堂に会した」といわれた[14]。緒形は，そこにも専門家の一人として参加していた[15]。

　また緒形は，1977 年 6 月に長洲らの呼びかけによって神奈川県地方自治研究センターが設立された際にも，理事に就任している[16]。しかも緒形は，単なる名前だけの理事ではなく，研究講師や居住環境分科会の主査なども務め[17]，積極的にこのセンターを支えた。飛鳥田が市長となった 1963 年の 11 月に創刊された横浜市政策局刊行の『調査季報』には，飛鳥田はじめ田村や鳴海，また彼らの盟友だった松下圭一などが寄稿している。緒形も鳴海とともに創刊号に寄稿しており，以後もいくつかの文章を寄せている。それらの中にはすでに市民活動の組織や，行政と市民との協働の重要性を論じるものもあった。たとえば，1967 年には同誌に次のように書いている[18]。

　　そこで，問題は二つにしぼられる。
　　ひとつは，どうしたら市民のイニシアチブが発揮できるかという，市民組

織の問題であろう。現在市民の素朴な要求は，市長への手紙にもあるように，たしかに原理的・本質的ではあるがやはりまだ自然発生的である。これはまた，「自分の家のまわりさえきれいになれば」という，従来からの保守系議員の選出基盤ともなった，地域エゴイズムに組織される可能性をももっているといわなければならない。やはりここでは，たとえば，自分たちの税金の完全なトレース要求などを通じて，その使いみちから上述の「むだのない」使い方までをチェックするといった過程で，身辺から全体へ，単発性から計画性へ，その要求が高まるように組織されなければならないであろう。

　もうひとつは，専門家あるいはお役所として，これにどう参加・協力してゆけるかという態勢の問題である。現在，こうした公共投資の効率とその波及効果の測定と研究《税金の返し方の合理化法》は，まだそのデータすらないにひとしく，とくにその時間的プログラミング《時間差攻撃法》においては皆目見当がついていないといってよい。

　これらは，たしかに息の長いひとつの闘いではあろうが，これなくしては，現在直面している巨大都市の諸問題は何ひとつ解決されないであろう。また，ある地方自治体が，市民に対しては「市民のための市政」を，その上部機構に対しては市政実現のための要求を，正確に機能できるようその構造を改革していこうとするならば，これらの問題は，必ずさけて通ることのできないはずのものであろう。

　アリスセンターの設立に関わることになる問題意識は，それから20年さかのぼるこの頃にすでに緒形の中にできていたといってよいだろう。緒形は横浜市や神奈川県といった当時の革新自治体の先導役だった自治体や，それに関わるさまざまな人びととのつながりを広げながら，市民がイニシアチブを発揮する社会をめざしていたのである。

緒形と市民運動

　緒形は晩年に「自分史年表」を作成している。それには，「運動」欄の最初（1950年）に「初期前学連」と記されている[19]。この欄が1950年という特定の年に限定されるものなのか，1950年に卒業する東大生時代全般を示している

のかは明らかではない。しかし，1948 年 9 月には全日本学生自治会総連合
（全学連）が結成され，その結成大会で選出された中央執行委員長が緒形の高
校時代からの友人であった武井昭夫であったこと，また大学のクラスメート
だった田村が緒形の学生運動との関わりを語っていることなどを考えると，緒
形は全学連結成に至る学生運動の流れの中にいたと推測される。しかし，その
後は 1952 年には横浜国立大学の河合正一研究室の助手となり，横浜市や藤沢
市からの委託調査を担当し，学生運動自体にはそれほど深く関わったわけでは
なかったようだ[20]。

　その後，緒形は 1960 年に横浜国立大学の教職員組合の副委員長となり，61
年には安保反対デモに参加している。そして 1963 年に飛鳥田一雄が横浜市長
になると，革新市政・革新県政や市民参加を支える大学研究者や文化人のメン
バーとして参加するようになる[21]。この頃から飛鳥田市政を支えた鳴海正泰や，
横浜にある大学の教員，文化人，そして生活クラブの関係者などとのつながり
がさらに強まっていった。

　飛鳥田は 1 万人市民集会を提唱して 1963 年の第 5 回統一地方選挙で横浜市
長となると[22]，翌年には仙台市長の島野武とともに呼びかけて全国革新市長会
を発足させ，長洲神奈川県政誕生に尽力し[23]，その後の「革新自治体の時代」
の先鞭をつけた[24]。

　社会党に所属し，革新自治体をけん引する立場にあった飛鳥田は，総評（日
本労働組合総評議会）とともに反戦平和の運動を進め，革新市長会でも 1967 年
の 7 月に 43 名の市長の連名で「ベトナム戦争アピール」を行った。さらに，
べ平連（ベトナムに平和を！市民連合）の運動が全国的に広がったベトナム戦争
終盤の 1972 年の春から夏にかけて，相模総合補給廠から戦車を積載して出発
したトレーラー 5 台が横浜で通行を市民活動によって阻止されるという相模原
戦車輸送阻止闘争でも，横浜市長として積極的な活動を行った。

　緒形は役所や政党の御用学者としてではなく，反戦・反基地運動をはじめ市
民とともに運動する飛鳥田を支えるためにブレーンの一人として活動したので
ある。そのため，1977 年 12 月に飛鳥田が社会党委員長を受諾し，横浜市長を
退陣することになった際には，革新市政の継続を訴える市民運動に加わり，自
民党が出馬要請をした候補に社会党が他の党とともに相乗りするのを批判し，

逗子市長の富野をまじえた勉強会（左より竹井斎，小池光裕，土屋真美子，緒形昭義，富野暉一郎，岡田実，関口昌幸）（写真提供，土屋真美子）

「市民の市長をつくる会」として独自の候補を立て，選挙戦を闘った。一時は緒形自身もその市長選の候補者の一人として名前が報じられた[25]。

　また，緒形は1982年に神奈川県逗子市の池子の森が開発され米軍住宅が建設されることが明らかにされ，それに反対する住民運動が起こった際にも積極的に運動に参加した。この運動は米軍住宅建設に反対する市民グループが市長をリコールしようとし[26]，出直し選挙になったところに建設反対派の市民の代表の富野暉一郎を市長に当選させたもので，全国的に注目された[27]。この池子の森の市民運動の経緯について，緒形は時系列の詳細な記録を編者となって残している[28]。

　池子の森を守る運動の先頭に立ち，逗子市長にもなった富野は，必ずしも一枚岩ではなかったこの運動の中で，常に富野たちの側に協力的だった緒形と鳴海に対して，後に以下のように述べている[29]。

　　逗子市における池子米軍住宅建設反対の市民運動は，時には厳しい局面もあったが，総体としては全国の市民，組織・団体，各分野の専門家から常に

熱い厚意と支援をいただくことで励まされつづけてきた実に豊かで幸せに満ちた運動であった。

　しかし，この運動の過程で，長洲一二神奈川県政を中核的な部分で支えた「学者文化人の会」では，知事の池子問題に対する対応を巡って意見の違いが表面化して，事実上会の活動が大きく影響を受けることがあった。建築家の緒形昭義先生と関東学院大学教授（政治学）の鳴海正泰先生は，「学者文化人の会」にあって早くから逗子の市民運動を積極的に支援してくださっていた。市民活動の拠点であったアリスセンターを主宰する緒形先生は，逗子の市民運動の軌跡を克明に時系列で記録した「阿修羅の軌跡」をまとめられ，鳴海先生は著作や機関誌などへの投稿で逗子の市民運動の重要性を様々な面から分析論評する活動を精力的に展開された。その両先生の業績は，1993年に逗子市が鳴海先生に資料の編纂を委嘱した資料集「池子の森——池子弾薬庫返還運動の記録」にまとめられ，今回出版される本資料集に収録されている。逗子市民の池子米軍住宅建設反対運動を，最も深く共感をもって最後まで市民の側に立って記録し論評してくださった両先生の志を，特別な感謝をもって記しておきたい。

　また緒形は，1977 年 6 月に長洲知事を中心に飛鳥田市長らの呼びかけでつくられた「神奈川県地方自治研究センター」の設立時からの理事であり[30]，学識者としての立場から研究部会の主査を務めた。「神奈川県地方自治研究センター」の事務局は神奈川県自治労で，革新自治体としての神奈川県，横浜市や労働組合の関係者たちとの活動機会が増えていった。

緒形にとっての建築と市民運動

　緒形については，関係があった人びとの多くが，その温厚で社交的な人がらについて語っている[31]。緒形の高校時代からの友人であった武井昭夫は，次のように記している[32]。

　わたしが彼と出会ったのは，1944 年 4 月，当時の 7 年制高等学校の一つ，都立高校高等科理科甲類 1 年 1 組の教室においてだった。クラス 40 数名の

緒形昭義（群建築研究所にて，1990年代。緒形昭義氏追悼文集編集委員会編（2008）より転載）

なかで大柄で目立つ数人のうち，一番まろやかで優しそうだったのが緒形君だった。躰付きがそうだっただけでなく，穏やかな目，甘いひびきのある声，それら全体が醸すものが―それは終生変わらなかった―そうだったのである。

しかし，緒形はただ温厚というだけではなかった。旧制の高校時代には仲間と同人誌を作り，大学に入ると武井の影響もあり，工学部の学生にはめずらしく学生運動に参加していた[33]。その後も市民運動との関わりは続いた。それは時として建築家としての仕事以上の時間とエネルギーを運動にかけているように見えるほどだった。

しかし，緒形は大学2年生のときに，1947年から52年までの5年間活動していたNAU（New Architect's Union of Japan，新日本建築家集団）の東大建築学科NAU学生部会代表となり，当時の著名な建築家などに交じって活動しており，最後まで建築家としてのアイデンティティを見失うことなく，市民運動に関わり続けたのである。NAUと緒形との関係について，その当時からの友人の菅谷久保は次のように記している[34]。

あるとき，NAUでの遺伝子がそれぞれ卒業後の人生でどう関わってきたかという話が出た。その次の会合で緒形は自分の経歴年表と，最近出た出版物について書評を書いたのでと言って1枚のペーパーを持参した。経歴年表には作品や研究の事歴のほかに，連綿として続いている運動という欄があった。それは彼が亡くなる6ヶ月前のことであったが，今となれば自分史を書くためのメモでもあったのかと推し測れる。まわりで起こっている社会に黙って

いられなかった緒形に比べて，建築家としての緒形は意外に寡作であった。それを語る自分史は終になかった。

　緒形が言う「最近出た出版物」とは，前川國男についての評伝であったが[35]，それはこの評伝の書評というよりは緒形自身の前川評，それに対照される丹下健三評，そして緒形自身の建築家論のような内容となっている。その書評と自らの経歴年表を持参し，次回の会合は休むと告げたのが菅谷との最後だったという。パイプをこよなく愛した緒形は，すでにこのときには自分の体のことは知っていたのだろう。自身の歴史を研究，建築，運動の3つに整理した緒形はその書評で次のように言う[36]。

　かつて前川が師事したコルビュジエなどが推し進めた世界的なモダニズム建築運動，建築の変革は生活の変革に，それはまた社会・政治の変革につながるという「大きな物語」は，今はない。建築家は作家として作品で勝負しようとすると，丹下のように権力の表現者にならざるをえない。「特権」的な，作家による作品ではなく，「平場」の，アノニマスな，たとえば民芸品のようなまちづくりはできないか。そうすれば，丹下健三ではない前川國男の先に，未来を見ることができる。

　特権的な建築家の作品としてではなく，「平場」の，アノニマスなまちづくりこそが自分のめざした，あるいは自分が実践した生き方だったと，自らのことを述べているかのようである。緒形はこの書評が公刊される数カ月前に横浜で亡くなり，これが遺稿となった。

　アリスセンターがスタートする際には設立発起人のメンバーを中心に，運営についてのご意見番として市民活動に関わるさまざまな分野のベテランから成る運営委員会が設けられた。それは上林得郎（神奈川県地方自治センター），鳴海正泰（関東学院大学教授），関一郎（弁護士），佐野充（日本大学助教授），岸本重陳（横浜国立大学教授），服部孝子（横浜消費者の会会長），嶋田昌子（横浜シティガイド協会会長）といった顔ぶれだったが，やはりその運営委員会の会長となり，その後も理事長を長年務めることになる緒形が，アリスセンター立ち

上げの中心となった。

　緒形は自身の群建築研究所と同じ建物にアリスセンターの事務所を構えさせることにし，まちづくり情報センターかながわの通称をアリスセンターとすることも決めた。この通称の由来については，緒形の横浜国立大学の同僚であったフランス文学者の佐藤東洋麿が次のように述べている[37]。

　　澄んだ心の持ち主だった。童心が去ることはついになかった。1988 年に任意団体「まちづくり情報センターかながわ」の英語名を私に見せてくれたときのことである。center for Alternative Live Intelligible Community & Environment ―「これじゃ長すぎるよ，何か略称あったほうがよくない？」と言うと，「そうだなぁ，えーと，頭文字をとると…」。私は部外者なので思いつくままに「最初の 2 語をやめるとアリスになる」。すると緒形さんの顔はぱっとほころんだ，「そりゃいい，ルイス・キャロルはいいな」。不思議の国，鏡の国。一生オクスフォードで数学を教えていたルイス・キャロルは彼の好きな作家のひとりだった。

　しかし，この通称の由来については，横田をはじめとする関係者たちにも十分な説明がされていなかった。ただ緒形がルイス・キャロル好きだからというだけのことと受け取られていた[38]。また，緒形によるこの英語名称がわかりにくかったという事情もあった[39]。しかし，いずれにしても緒形による通称の命名が早い段階から既成事実とされ，これについてとくに問い質す者もいないほどに，緒形がアリスセンターの立ち上げと運営にコミットしていたことを周囲は認めていたのである。

2　生活クラブとの関係

生活クラブと生活クラブ生協

　アリスセンターができるきっかけは，当時さまざまな事業や組織を起こしていた生活クラブ生協・神奈川の理事長だった横田克巳が，市民が広報活動を通じて結びつくことをサポートするような組織が必要だという問題提起をしたこ

とだった。それに緒形と鳴海が反応し，3 人で周囲を巻き込みながらその構想が動いたのである。

　生活クラブは，1965 年に世田谷で主婦たちによって始められた牛乳共同購入活動がそのルーツであると紹介されることが多い。しかし，生活協同組合としての活動であればそうであるかもしれないが，生活クラブとしての活動のルーツはそれより少し早くから始められていたよりストレートな運動にあった。

　牛乳の共同購入活動自体は，婦人活動のひとつとしてすでに主婦連合会などで行われていたが，生活クラブでは牛乳メーカーとの軋轢の中から，それを単なる商品ではなく，消費「材」として捉えなおし，共同購入活動を運動として展開していった。そして，その活動に適した形態を模索した結果，協同組合として事業を行うことが選択されたのである。そしてこの生活クラブ生協は，神奈川県をはじめ他地域にも広がっていった。

　また生活クラブでは，生活協同組合として班別予約共同購入を中心に消費材アイテムが広げられていったが，同時にせっけん利用運動，政治団体グループ結成，社会運動研究センター設立などの運動も展開された。こうした主婦を中心とした実践的活動は，日本における「新しい社会運動」のケースとして研究者からも注目された[40]。

　しかし，生活クラブの本来のスタートは，創始者である岩根邦雄とその妻の志津子による原水爆禁止の署名活動などの地域活動にあった。この点について，岩根は次のように述べている[41]。

　　生活クラブがもう一回考えなければいけないことは，329 本の牛乳を買う女性が集まって生活クラブができましたなんて，そんなバカなことがあるか，世の中に。そんなもので生活クラブができてたまるか。そんなことをまことしやかに生活クラブの歴史として語られていることを根本から改めなければだめですよ。生活クラブは平和運動から始まっているんだから。政治運動から始まっていることをもう 1 回きちんと整理しないといけないと思っています。

　世田谷の女性たちによる牛乳の共同購入から生活クラブの活動が始まったと

いうストーリーは，1978年に出版された新書版の『主婦の生協づくり──10万の主婦・10年の体験』[42]がひとつの発端となっている。この本は生活クラブ生活協同組合編となっているが，ノンフィクション作家の稲垣真美が岩根をはじめとして生活クラブ生協の関係者から聞き取りをした上で書いたものである。「牛乳からのスタート」という章から始まるこの本では，岩根の妻の志津子と，まだ高校生だった河野栄次が早朝から自転車で牛乳を配達するシーンから始まり，河野が自転車を倒してしまい牛乳瓶が割れてしまったり，他の牛乳販売店からいやがらせを受けたりといったエピソードが描かれる。新書という一般読者向けの読み物ということもあり，よりドラマチックなシーンが選ばれ，また「主婦」が主人公となっているため，牛乳の共同購入や配達などの前になされていた政治運動についてはほとんど触れられず，岩根もあくまでも主役である主婦・志津子の夫としてその経歴が紹介される。

　もちろん，この本の内容については岩根も承知しており，同じ年に刊行された自身の本においても牛乳の共同購入や志津子と河野少年の苦労話からこれまでのことが語られている[43]。しかし，岩根にとっては，生活クラブは運動のための組織であり，生協としての事業活動はその手段のひとつだったのである。生活クラブと生活クラブ生協とは必ずしもイコールのものではなく，あくまでも生活クラブが前提なのであった。

　岩根は，もともと京都出身のカメラマンだったが，60年安保のデモに参加したのをきっかけに政治活動に身を投じるようになり，社会主義青年同盟（社青同）の世田谷支部委員長となる。そして社会党の指示で世田谷区議選（1963年統一地方選挙）に立候補するも惨敗し，その選挙活動の中で社会党に限界を感じて，草の根の市民の民主主義をつくることをめざして地域での活動を開始した[44]。岩根はその活動について以下のように述べている[45]。

　　やがて日本における市民社会でのヘゲモニーの構築をめざして，自分なりの陣地戦の展開として，地域における私の活動は開始された。一九六五年（昭和四十年），東京世田谷の地において，『生活クラブ』の結成，その理念は，自分で考え自分で行なう，自立した人間の集団づくりであった。なによりも民主主義の深化こそが第一義であり，市民生活の日常性に密着してその

生き方を問い，社会性を問い，やがて現代文明を文化を主体的にとらえ直す集団の形成をねらった。工業社会を支える常識への疑念を生み出し，自らを含めて自己否定の契機にたって，新しい社会のあり方はいかがなものか，人間の生き方，倫理はどうあるべきか，自らの生きざまを通して，これらを打ち鍛えるのである。こうして徐々にではあるが，政治的，経済的，文化的ヘゲモニーを確立しつつある。

　結成から十三年，活動は東京，神奈川，埼玉，千葉，長野に広がり，五万三千世帯，二十万人を越す組織になった生活クラブは，年間，百億円を越す供給高，出資金は十億円の規模となり，イタリアの赤い州エミリア・ロマーニャの活動にならった民衆の家，チルコロの日本版，地域のセンターづくりは，現在二十ヵ所の建設に成功して，しっかりと根をはやした活動拠点となっている。また，この活動を支える専従者も二百人を数え，一般の労働運動とは一味ちがった評議会を結成し，労働者こそが最も優れた社会発展の推進者であることを自覚し，自主管理，自主運営のスローガンをかかげて日夜，活動に励んでいる。

　社会主義が，労働運動が真の意味で，勤労者に魅力あるものとは必ずしもいえない今日の状況で，真にラジカルな運動体の形成に苦心する者として，生活クラブ十三年の実践はたしかな手応えを私に与えてくれるのである。

生活クラブ神奈川の横田克巳

　その岩根とともに生活クラブの礎石を築いたのが，若い頃には東急労働組合で活動していた横田克巳だった。日本社会党で江田三郎を中心に構造改革が中心的方針となる流れの中で，1960 年に満鉄調査部で石堂清倫の下にいた藻谷小一郎が呼びかけ人となって組織問題研究会が立ち上げられ[46]，その中でA. グラムシの勉強会が行われた。岩根と横田は，そこで初めて出会っている[47]。組織問題研究会での議論が生活クラブの下地となったことについては，参加者の一人であった丸山茂樹が次のように述べている[48]。

　生活クラブ生協が，なぜユニークな出発を遂げることができたか。普通，生活クラブを語る場合には，牛乳 300 本から始まったとか，世田谷の片隅で女

性たちが頑張ったとか話がありますが，実は横田君も，私も，連合会の折戸君，それから東京の生活クラブの岩根さん，みんなですね組織問題研究会という社会党や総評の構造改革派の一派の中から，今までの社会運動の根本的な反省と，新しい出発をしようという動きが組織問題研究会という中でございました。リーダーは藻谷小一郎さんとか，アントニオ・グラムシを日本に紹介した石堂清倫さんとか，いろいろいらっしゃいますから，その数年間の間に，つまり生活クラブができる数年前，蓄積があったと。新しい社会運動を新しい方法でつくろうという組織問題研究会が。私も，それから亡くなった小塚尚男君もメンバーですけれども，その運動の成果をひっさげて生活クラブが登場したということをまずお話ししたいと思います。

横田は東急から伊豆急行電鉄に出向し，そこで労働組合の立ち上げをやっていたが，3年ほどで東急に復帰した。その翌年に，岩根は生活クラブを立ち上げ，藻谷の紹介で二人はあらためて組織問題研究会で会うことになり，1968年に生活クラブが生活協同組合になる際には，横田は東急の職場班をつくって参加した。

横田は生活クラブ生協の理事となっていたが，さらに1971年には神奈川県でみどり生活協同組合を立ち上げ，非常勤でその理事長となった。このみどり生活協同組合は，1977年には生活クラブ生協・神奈川と名称変更され，横田が理事長となった。そして東京，神奈川に続いた千葉や長野などの生活クラブ生協なども加わって生活クラブ生協連合会がつくられ，岩根が会長に就任した。

しかし，岩根は1981年に私宅に関する新聞報道をきっかけに[49]，生活クラブ生協連合会長を退くことになった[50]。岩根は横田にその後を任せようとしたが，運動にこだわる横田はそれに応じなかったために，同じ東急労組出身の折戸進彦が後任の会長に就任した。岩根は，生活クラブのシンクタンクとして社会運動研究センター（後に市民セクター政策機構に改組）を設立し，その代表に就任した。そして生協の活動自体には関わらなくなっていった。東京の生活クラブ生協については，高校生時代から牛乳配達をした河野栄次が事業を支えた[51]。

一方の横田は，生活クラブ生協・神奈川でデポー（荷さばき場所）のシステ

オルタナティブ生活館（2023 年 7 月，筆者撮影）

ムの開発をはじめ，ワーカーズ・コレクティブ，福祉生協，参加型福祉など次々に新しい事業や組織を生み出していった。また，神奈川ネットワーク運動（NET）など政治活動にも積極的に関わっていった。

　1975 年に神奈川県知事に就任した長洲一二を支える学者・文化人の会（長洲県政を進める学者・文化人の会）に参加していた横田は，そこで神奈川県のさまざまな市民活動を支えるための情報紙の必要性があると話すと，緒形と鳴海が協力を名乗り出た。横田は藤沢市の葉山峻市長から緒形を紹介されており[52]，また横浜市の企画調整局にいた鳴海正泰とは生活クラブの立ち上げなどでも合流していた。その経緯を横田は次のように述べている[53]。

　　緒形さんとは，長洲さんを支えた学者・文化人の会っていうのがね，200人くらいの組織があったんですね，当時そこで出会った建築家でね。面白い建築をするっていう紹介をされたのが，藤沢の葉山市長からね。僕のところで会館を作るっていう話をしたもんだから，それで紹介されて。で，今オルタナティブ生活館っていうのを，当時本部として建てたんですが，9 階建てで建てようと思ったら金がなくて 6 階建てになっちゃったりね。当時，環境

問題がかなり叫ばれだした頃で，屋上に風車発電機をつけて全体をエコロジーで貫徹させようというので，緒形さんも乗り気でそれはやってくれたんですが……。

　ところがね，後で聞いたらね，藤沢市がね，労働会館を彼に作らせたんですよ。そしたらすぐに雨漏りがひどいと。雨漏り気をつけろっていわれたんですね。建ったばかりはなんでもなかったんですが……。オルタナティブ生活館に「とびはねルーム」っていうのがあって，そこは天井をピラミッド型でガラス張りにしたの。そしたら，3，4年経ったらね，雨漏りがして。「あー，やっぱりきたか」ってなもんでね。

　変わった建築で，天井裏がないんですよ。上と下にスラムがあるだけでね。中に配線や暖房のあれを結んでパイプを通してっていうね。それから何度か……。藤沢で特別養護老人ホームを作ったときにも設計してもらったんですが，天井裏がこんなに狭いもんだから，暖房やなんかのねダクトをそこに入れてあって。修繕しようと思ったら，入れない……。まぁ，変わり者の建築家ですよね。そういう（市民運動をやるような──筆者注）人だっていうのはそのときは知らなかったんだけど……。

　まぁ，要するに市民の情報紙がどうしても必要だと。で，そういう問題提起をしたら，緒形さんと横浜市で番頭をやっていた鳴海さんが相談に乗ってくれてね。それでできたんですよ，アリスセンターが。「何だ，アリスセンターって？」っていったら，横文字で頭をとると「アリス」っていうんだってね。どうせこれはね，知識人のいたずらだろうと思ってね。「アリスセンター」，「アリスセンター」っていうので済ませてきたんですがね。

　横田がアリスセンター設立に向けて積極的に動いていたことについては，神奈川県自治労から神奈川県地方自治研究センターの事務局に出向し，そしてそのセンターの理事長となった上林得郎も次のように証言している[54]。

　1988年にアリスセンターを作った当初から運営委員の1人となっていた。当時，生活クラブ生協の理事長の横田克巳氏から「市民活動を支援する組織を作るので協力してほしい」と依頼され，運営委員になったのだと思う。

　上林によると，アリスセンターの設立発起人の顔ぶれのかなりが，1975 年の長洲一二県知事選挙にあたってつくられた「革新県政を推進する学者文化人の会」（約 150 人）のメンバーと重なるという。横田と緒形が出会ったのもこの会であった。上林をはじめそれらのメンバーにアリスセンターの設立発起人として名を連ねるよう依頼したのも，横田自身だったという[55]。

　また，こうしたアリスセンターの設立のきっかけについては，鳴海正泰も次のように述べている[56]。

　私もそうだが，私以上に（緒形が――筆者注）関わっていたのが，生活クラブ生協の運動であった。新横浜にある本部も彼の設計であった。役員だった横田克巳氏，小塚尚男氏は運動の仲間であり，緒形さんを信頼していた。アリスセンターはそのなかからつくられたものである。

　横田は生活クラブ生協・東京の子会社にいた土屋真美子を生活クラブ生協・神奈川からアリスセンターの事務局長として出向させ，そのほかに 2 名のアルバイトの人件費についても負担した[57]。この生活クラブ生協・神奈川による人件費負担は，行政などからの委託事業の受託が軌道に乗り，その受け皿としての有限会社アリス研究所を設立する 1994 年頃まで続いた。

　しかし，横田はアリスセンターを財政的に支援しながらも，その活動についてとくに指図することはなかった。事務局長となった土屋に関しても，生活クラブ生協・神奈川からの出向というのは形式的なものにすぎず，生活クラブ生協からの指示はほとんどなかった。この点について横田は次のように述べている[58]。

　土屋さんとは（私は――筆者注）特段は関係はないんですよ。うちの職員として最初，採用した。彼女は割りとね機転は利くし，頭の切れもいいし。それで彼女を出向の形で出したんですよね。だから，アリスセンターそのものに金は出してないんじゃないかな。僕は理事長だったけど，あまりそこに踏み込んでは管理してないもんだから。でも職員を派遣するというのは，か

横田克巳（2020 年 10 月，写真提供：生活クラブ生協・神奈川）

なりいろんなことをやりましたよ。その人選は僕というより当時の専務だっ
たか，総務部長だったかな，小塚尚男というのがいたんですよ。これがね，
もともと中央大の二部出身で，いわゆる共産党系，共産党にも一回入ったん
じゃないかな。その連中が，私が関わっていた社会党系の組織と連携ができ
て。それは構造改革派という意味でね。共同で全国集会をやったりして。

横田がアリスセンターを財政的に支えながらも，その活動について干渉しな
かったことについては，当時の様子を知る菅原敏夫も次のように述べている[59]。

（横田は——筆者注）圧倒的な影響力があったんですけども，横田理論で，
自分は内容に介入しないと。それからウチの役員，生活クラブ全体の理事を
運営委員に入れろと。というくらいにして，本当に何も言わなかった。これ
を調べてくれといったことさえも，ほとんどなかったですね。

一方，横田自身はアリスセンターの活動にほとんど口出ししなかったことに
ついて，次のように述べている[60]。

　僕なんかは，ほとんど議論する機会がなかったですからね。というのは，送り出した先，こっちが直営じゃないですから，アリスセンター自体がね。だいたい鳴海さんにしても，緒形さんにしても，いちいち僕なんかに聞いてくる人じゃないから。

　では，なぜ横田はアリスセンター関係者と議論する機会を持たなかったのか。あるいは，アリスセンターに指示や依頼をしなかったのか。アリスセンターのもともとの発案者であり，設立を財政面でも支えた横田がその気になれば，そうした機会はいくらでも設けることができたはずである。

　もちろん，菅原のいう「横田理論」，あるいは横田のポリシーのようなものがあったのかもしれないが，次のように推察することができるだろう。つまり，当時の横田は神奈川ネットワーク運動（NET）の活動にかなり注力していた。そしてそれに関連するさまざまな事業をかなり急ピッチで展開していた。その中のひとつにアリスセンターもあった。そういう流れの中にあって，アリスセンターにとくにコミットすることがなかったのではないか。逆にいえば，それだけ横田の中でのNETへのコミットは強いものだったと推察される。実際，NETに関しては，その思いを横田は以下のように述べている[61]。

　生活クラブは，まぁいま周辺にいる人たちで，いろんなことをやりすぎだって言う人がいっぱいいるんだけど，僕なんかまだやり足りないことだらけだと思っているんだけど。なんでやり足りないかという原因のひとつに，やっぱりNETが地方自治体でヘゲモニー取れなかったんですよね。やっぱりね，こう政治的な発言力というのは，市民社会を踏まえてね，政策的にも戦略的にも提起しなきゃいけないんだけど，それが途中で挫折をした。

　神奈川県下だけでも（NET所属の議員は──筆者注）六十何人，最大いたんですがね。今，20人といなくなっちゃったでしょう。それから，首長取ってるのは二宮町だけですよ。でも，その二宮の町長になったのはNETやめたんじゃないかな……。

　まぁ，だから政治社会と市民社会をどう有機性を持たせるかというのは，

社会運動のひとつの仕事としてね，考えるっていうのは，社会運動の価値を上げていくわけですけど，そういう点での，やっぱり僕なんかの教育がしきれなかったですね……。

　だから，社会の構造的な変化の方が全然スピードが速いし，それはサッチャー，レーガン，中曽根の連携が功を奏したし，その変化が世界市場をスピードアップさせて，トランプまで生み出すというのはね，そういう時代状況になって，負け犬ながら「だから勝てないよね」という言い訳になってくるわけだけどね。世界の，ICAというのが協同組合連合があるわけだけど，そこに対して生活クラブはもの言うというか，新しいあり方を提起しなきゃならない責任があるんですけど，やっぱり，ちょっとやりきれていない。

　岩根にしても，横田にしても，やはり若い頃に学んだグラムシの理論はその後の活動においてもバックボーンとなっていた。もちろん，両者ともグラムシしか勉強していなかったわけではない。むしろ，さまざまな勉強会などを立ち上げ，その時どきの新しい理論についても学んでいた。I. ウォーラーステインの世界システム，アンドレ・ゴルツの『エコロジスト宣言』などについては二人はいっしょに勉強会を開いて勉強したという[62]。しかし，二人に共通する基本的な概念は，グラムシの説いたヘゲモニー論だった。横田は岩根と共通してグラムシのヘゲモニー論を思想の基本としていることについて，以下のように述べている[63]。

　　（岩根と横田との――筆者注）共通項でね，あるとするとね，ヘゲモニー論ですよ。ただ，ヘゲモニー論だけど，僕の方は参加型を踏まえた民主主義を大事にするっていう，そういう政治的ポジションなんだけど，まぁ岩根さんはちょっとやっぱり社会党系で，社青同を通して……。まぁ社青同のリーダーの中で岩根さんくらいですよね，社会運動に責任持ってやってたのは。だから，まぁ岩根さんのヘゲモニー論は，ひとつのキーワードでね，上手に「主婦から女性へ，女性から市民」っていうね，ここの転換を促すキーワードをいっぱいつくっているわけです。

　　協同組合をひとつの社会運動，社会変革の，構造変革の基盤にするという

点ではまったく同じなんですけどね。だからまぁ共通してあるのは，やっぱりヘゲモニー論なんだけど，グラムシの言う知的，道徳的，文化的なヘゲモニーっていう意味のものをつくるっていうのは，岩根さんに言わせてみれば，やっぱりそういうリーダーシップを持ったコアをつくんないとやりようがないっていうね，古い伝統的左翼の組織論なんですよね。

社青同の世田谷の委員長となるも，1963 年の世田谷区議会選挙で惨敗し，社会党に失望した岩根は，地域での活動と住民の連帯のための組織づくりの方法として協同組合の可能性に気づき，それを通じて「日本における市民社会でのヘゲモニーの構築」をめざした。同様に，横田は横田で協同組合を軸足に，さらに多様な事業や組織を起こしてヘゲモニーを追求したのである。そのために，市民社会と政治社会とをつなげる方法として NET に賭けた思いは，横田としては挫折に終わったのかもしれない。しかし，NET を含め，多くの陣地戦の礎は残したのである。

3　スタッフのバックグラウンド

横田，緒形，鳴海たち設立構想者や運営委員会のメンバーの理念は抽象的なものであったこともあり，実際にアリスセンターが設立されてからは，具体的な事業は主に事務局スタッフであった土屋，川崎，築の 3 人によって模索された。しかし，設立者や運営委員会の構想を具体化するのは簡単なことではなく，「NPO」，「サポートセンター」，あるいは「中間支援組織」という言葉さえなかった時代の中で，この 3 人の初期のスタッフはまさに手探りしながら事業を開拓していった。そうした事業の模索には，彼ら自身のバックグラウンドや考え方も大きく影響していたと考えられる[64]。

アリスセンターのスタート期において唯一の専従職員だった土屋真美子は，大学卒業後は大学院に進み，そこで先住民族の人権問題などに関する活動を行う「市民外交センター」を立ち上げていた上村英明と出会い，さらに上村の知り合いの片岡勝とも出会っている。上村とはその後もソーシャル・ジャスティス基金などでいっしょに活動をしている。土屋は，上村との出会いが市民活動

に関わるきっかけになったという。大学院修了後はいったん企業に就職するものの2年足らずで退職し，片岡の知り合いで菅直人の秘書をしていた宮城健一の誘いで，日本リサーチ総合研究所でアルバイトをした。そうした縁で岩波書店の『世界』誌に記事を書いたりし，生活クラブ生協でブレーン的な活動を行っていた宮城や，『経済評論』誌の編集長だった宮崎徹とともに，すでにその頃には雇用されていた生活クラブ生協・東京の子会社である太陽食品販売株式会社の中に新たに設けられた市民情報センターに配属された。4年ほどして太陽食品販売の組織改編があり，土屋は人事異動で生活クラブ生協・神奈川からの出向という形でアリスセンターに行くことになったのである。この間，片岡に誘われて区議選の手伝いをしたり，宮城が代表だった「市民情報センター」で菅直人の選挙運動を手伝ったりした。

　川崎あやは，大学に通うため川崎市に下宿する中で，生活クラブ生協・神奈川の活動を行う女性たちと出会い，ワーカーズ・コレクティブの「スナックにんじん」を共同経営することになった。この「スナックにんじん」の本体である「にんじん（人人）」は，日本におけるワーカーズ・コレクティブの第一号とされており（1982年設立），「スナックにんじん」では昼間は主婦を中心にランチを提供するレストランを営業していたが，その店舗の夜間活用として学生等若者を中心とした夜間の営業が行われた[65]。この「にんじん」の母体も横田が率いる生活クラブ生協・神奈川であったため，「にんじん」のメイン事業となっていたのは生活クラブからの請負事業だった。そうした中で「にんじん」の理事長となっていた宇津木朋子らは，「にんじん」としての自律的な事業を模索していた。そのひとつがスナックだったのである。これについて宇津木は次のように述べている[66]。

　　「にんじん」の場合，事業収入としても大きいのは，生活クラブからの請負委託の業務です。現在はデポー（荷さばき場）の業務が一番大きいのですが，マネジメントを含むデポーの荷さばきと，センターの作業では集計から班別に消費材をセットするという一連の作業を請負っています。変わったところでは，オルタナティブ生活館の掃除ということも新しく入ってきています。それから高津センターと，オルタナティブ生活館にある「漢方堂」（東

洋医学の治療院）の助手的な仕事をしています。高津の場合は，かなり企画をして「漢方堂」の事業が地域の人に支持されるようなところまでいっているようです。

　私たちが本当に自前でやりたいのはスナックの事業，それから仕出し弁当事業，また，このオルタ館で初めてリサイクルショップを始めましたが，その辺のところをもっと拡大していきたいと考えています。

　請負委託というのは，自分たちが離陸するために履かせてもらった下駄，というふうに思っていますが，まだ下駄が大きすぎて育てきれないというところがあります。現在四年目に入り，一九八五年度の事業収入が一億三〇〇〇万円ということで驚いております。二〇％で組合としての運営をし，八〇％を分配するというやり方をしています。

　また，そのスナックでは店内から放送する自由ラジオ「FLY–DAY88」を運営した。自由ラジオは，1960年代にイギリスで登場したBBCに対抗する海賊放送などをルーツに，70年代から80年代にアメリカなどでゲリラ的に出現したごく狭い電波域でのラジオ放送の動向が日本にも紹介され，一部で実践されていたものである。「地下放送」，「ミニFM」，「100メートル放送」などとも呼ばれ，表現の自由を規制する行政への抵抗というニュアンスもあった[67]。川崎はこの自由ラジオの活動と関連して『世界』誌で山本コータローらと対談を行ったり，市民活動と政治との関係について『現代の理論』誌に寄稿したりしていた。また神奈川県参議院社会党女性候補の市民選対のアルバイトも行った[68]。そして中央大学大学院法学研究科政治学専攻に進むと，市民運動に深く関わっていた横山桂次や広岡守穂の指導の下で政治学を学びながら，生活クラブ生協・神奈川との関係でアリスセンター設立のスタッフとして声をかけられ，大学院とアリスセンターでのアルバイトとをかけ持ちすることになった。

　一方，築雅之は東京大学教養学部に在籍中に，河野直践や中島大，榊田みどりらの「東大エコロジーを考える会」にも参加し，同会のメンバーが企画する反原発運動の活動やエコロジーなどの自主ゼミに参加したり，自身も粉川哲夫を招いてメディア論の自主ゼミを企画していた。当時のいわゆるニュー・アカデミズムやポスト・モダンの影響も受けながら『現代の理論』に寄稿していた。

1990 年頃のアリスセンターの事務局。左より築雅之，土屋真美子，川崎あや

（写真提供：土屋真美子）

この時期（1984 年）の東大駒場の自治会では民青主導が崩れ，七夕（84 年 6 月選挙），クリスマス（84 年 12 月選挙），紫陽花選対（85 年 6 月選挙）などの非民青系の執行部となっていた[69]。築は学生の視点から『現代の理論』で当時の東大駒場の様子を詳細に紹介している[70]。しかし，こうした動向は東大駒場に限ったものではなく，日本の社会運動自体が従来の階級闘争や労働運動などを中心としたものから，ジェンダー，エコロジー等々の諸運動へと分散あるいは移行していた。トゥレーヌやメルッチたちが指摘した「新しい社会運動」の動きは，日本でも着実に進行していたのである。築は東京大学教養学部教養学科に在籍しながら，アリスセンターにアルバイトとして加わった。その後，大学院に進学し，川崎と同じく大学院とアリスセンターでのアルバイトとをかけ持ちした。

　この 3 人が『現代の理論』に寄稿する機会を得たのも，そうした時代の流れが背景にあったのである。もともと『現代の理論』は，日本共産党の構造改革派に属する井汲卓一，長洲一二，安東仁兵衛，佐藤昇らによって 1959 年 5 月に創刊された雑誌で，大月書店より出された[71]。しかし，党中央により規律違

反として 1959 年 8 月の第 5 号で廃刊させられた，わずか 4 カ月の短命な雑誌
だった[72]。その後，日本共産党を離党・除名された構造改革派の内，統一社会
主義同盟を結成したメンバーによって 1964 年 1 月に復刊された。

　この第二次『現代の理論』は，安東仁兵衛らに加えて新たに中岡哲郎，森田
桐郎，沖浦和光なども参加し，井汲卓一が 1961 年に創設し社長に就任した現
代の理論社が発行元となった。発売元は河出書房新社だった。第二次『現代の
理論』は 25 年続き，268 号まで刊行され，1989 年 12 月に休刊となった[73]。

　創刊号で「マルクス主義とは異なる立場にたつ人々とのあいだに，真剣な批
判と刺激をあたえあう場所でありたいと思う」と謳い[74]，第 2 号ではトリアッ
ティの「アントニオ・グラムシ」を掲載した『現代の理論』の関係者は，マル
クス・レーニン主義を中心とする日本共産党主流派からは修正主義者と目され，
発行中止に追い込まれたのである。第二次『現代の理論』はさらに構造改革派
の色彩を強めるが，1980 年代には市民運動はさらに多様化していった。現代
の理論社の中心となっていた安東仁兵衛はそうした新しい社会運動の動向に柔
軟に対応し，その先端にいる活動家や若者たちに寄稿させたのである[75]。

　アリスセンターの最初のスタッフとなった 3 人は，それまではお互いに面識
はなかった。しかし，いずれも若くして『現代の理論』に記事を書く機会を得
ており，それぞれ選挙活動や市民運動の実践にも少なからず関わっていた。そ
うした様子が生活クラブの関係者の目にとまったのである。生活クラブを立ち
上げる岩根邦雄とともに青年時代にグラムシを学んだ横田克巳。その横田とと
もに生活クラブ神奈川を発展させた小塚尚男。田村明からアナキストと呼ばれ，
高校時代からの友人であった初代全学連委員長の武井昭夫とともに学生運動に
関わっていた緒形昭義。そして飛鳥田革新自治体を支え，緒形の盟友だった鳴
海正泰。これらの設立関係者の人的ネットワークの中で土屋，川崎，築の 3 人
は見いだされ，アリスセンターに集うことになったのである。

注 ────────

1　『らびっと通信』発会記念臨時号，1988 年 5 月 21 日。
2　『らびっと通信』第 1 号，1987 年 12 月 20 日。また，さらにこれに先立って創刊準備
　　号も刊行されている。
3　川崎あやインタビュー，2005 年 9 月 9 日，於：アリスセンター。

4 田村（2008）6-7ページ。緒形は吉武泰水研究室，田村は丹下健三研究室所属だった。

5 1949年に学制改革が行われ大学は4年制になったが，緒形の入学年度では3年制だった。

6 武井（2008）3ページ。

7 佐藤（2008）117ページ。

8 たとえば，建築史を専門とする五十嵐太郎（東北大学教授）は，竹山団地について次のようにコメントしている。「いわばモダニズムが輝いていた時代の建築である。ロンドンの集合住宅群《バービカン・エステート》なども想起させる。またデザインをよく観察すると，ル・コルビュジエなど，モダニズムの影響が随所に散りばめられている。例えば，ピロティや屋上庭園。とりわけ前者は人工池に対し，足を突っ込んだような柱群もあって，忘れがたい風景を生みだした。駐車場からスーパーマーケットに降りる階段に設けられたランダムな開口は，後期のル・コルビュジエ風である」（artscapeレビュー，五十嵐太郎「竹山団地」）artscape アートスケープ（DNP 大日本印刷）ホームページ，https://artscape.jp/report/review/author/1192004_1838,1,list1,11.html，2023年10月21日確認。

9 田村（2006）第1章および第2章。また，東京都政調査会の設立の経緯については鳴海（2012）に詳しく書かれている。飛鳥田は，「大統領補佐官に相当する人間が欲しかったの」（飛鳥田（1987）52ページ）と説明しているように，鳴海や田村を重用した。

10 長洲は横浜高等商業学校を卒業し，東京商科大学で高島善哉ゼミナールに所属した。横浜経済専門学校（現横浜国立大学）教官となった。助教授の頃には安東仁兵衛らとともに雑誌『現代の理論』創刊に参加し，日本共産党を離党した。長洲が教授だった頃の助教授には岸本重陳がいた。岸本は1978年に横浜国立大学経済学部教授となり，その後は学部長も務めた。アリスセンター設立発起人の一人でもあった。

11 久保（2006）53ページ。

12 この職員の自主研究は，1980年に公務研修所を改組して設立された神奈川県自治総合研究センターの研究部が窓口になって支援・奨励されたこともあり，100ものグループができた。さらに自治体職員の自主研究活動の全国的な広がりも見られ，1986年に神奈川県地方自治研究センターを事務局として自治体学会が設立された。この自治体学会設立の契機となったのは1984年に神奈川県の呼びかけで開催された第1回全国自治体政策研究交流会議であり，その盛会ぶりを受けて鳴海正泰，松下圭一，森啓らが自治体学会設立を発案した。そして浦和で開かれた第2回の交流会議で「自治体学会設立準備委員会」が発足する。この準備委員会の代表として，横浜市を辞めたばかりの田村明と，関西の経新聞の塩見譲の二人が選ばれた。設立総会の際にはこの2名と西尾勝の3名が代表運営委員に選出された（田村明「自治体学会設立の経緯」自治体学会ホームページ，https://www.jigaku.org，2021年1月26日確認）。また，神奈川県自治総合研究センターは，1977年に当時の横浜市，川崎市，鎌倉市，藤沢市の革新自治体の市長らが呼びかけ人となって設立された神奈川県地方自治研究センターと識別するために，県が中心ということもあり，「総合」を入れた名称となった（上林得郎インタビュー，2023年10月30日）。

13 久保（2006）56ページ。「地方の時代」映像祭ホームページ，https://www.

44

chihounojidai.jp/outline/about.html，2023 年 10 月 21 日確認。

14　久保（2006）58 ページ。

15　久保（2006）245 ページ。

16　『自治研かながわ月報』創刊号，1977 年 6 月，3 ページ。

17　『自治研かながわ月報』36 号，1980 年 11 月，2 ページ。

18　緒形（1967）37 ページ。

19　緒形昭義氏追悼文集編集委員会編（2008）に採録されている。

20　緒形は 1950 年春に卒業したが，武井は活動のために居残り，その後退学処分となった。武井（2005）77 ページ。

21　鳴海（2008）100 ページ。

22　鳴海（1998）226–246 ページ。

23　鳴海を使者に立てて立候補を促し，その後長洲の自宅で 5 時間に及ぶ説得をしたという。久保（2006）49–50 ページ。

24　功刀は，飛鳥田の横浜市長当選や全国革新市長会の立ち上げなどが「革新自治体の時代」を築いたというのは，飛鳥田ブレーンだった松下圭一による虚構の飛鳥田神話だとしている。松下や鳴海らが『資料　革新自治体』などで，事実確認を十分行わないまま 1963 年の統一地方選挙で革新市長が多く当選したと記したのは，飛鳥田の位置づけに対する主観的願望からのものであり，そうした松下テーゼあるいは飛鳥田神話は歴史の偽造であると断じている（功刀，2008，83 ページ。同 2009，45–50 ページ）。確かに，1963 年の第 5 回統一地方選挙での飛鳥田の横浜市長当選よりも，1967 年の第 6 回統一地方選挙での美濃部亮吉の東京都知事当選の方が社会的インパクトもあり，実際に各地での革新自治体も増加したので，こちらの方を「革新自治体の時代」の幕開けと位置づけたほうが妥当かもしれない。しかし，飛鳥田や都政調査会などそれを取り巻くネットワークがその後の革新自治体誕生に影響を及ぼしたことは間違いないだろう。少なくとも，本書で対象とする神奈川県や横浜市における飛鳥田の影響力は強いものであった。

25　山田（1979）85 ページ。この「市民の市長をつくる会」の中に，あるいはそれと共闘する形で「学者文化人の会」というグループがあり，緒形は『思想の科学』の編集長だった山田宗睦，横浜国立大学教授の岸本重陳，横浜市立大学教授の今井清一，市長候補となった医師の朝倉了らとともに活動した。また，岸本ゼミの卒業生で，その後アリスセンターを支えた菅原敏夫も参加していた。菅原（2009）37–38 ページ。

26　有権者数の 3 分の 1 を超える署名が集まり，選挙管理委員会にリコール署名が提出されたものの，臨時議会が招集され，市長は辞職し，同時に市長選に立候補することが表明された。小林・川瀬・石川（2013）32–33 ページ。

27　富野（1991），緑と子供を守る市民の会記録・編集委員会（1985）。

28　緒形編（1988）。

29　富野（近刊）。

30　『自治研かながわ月報』1977 年 6 月，Vol. 1，3 ページ。

31　緒形昭義氏追悼文集編集委員会編（2008）。

32　武井（2008）2 ページ。

33　「当時文系では学生運動が盛んだが，工学部では製図や実験があって忙しく，学生運

動をやるものはほとんどいない。緒形君はクラスでただ一人学生運動をやっていた」（田村，2008，6 ページ）。

34 菅谷（2008）21 ページ。

35 宮内（2005），緒形（2006）。

36 緒形（2006）121 ページ。

37 佐藤（2008）114 ページ。

38 横田インタビュー，2019 年 11 月 14 日，於：生活クラブ生協・神奈川，菅原インタビュー，2019 年 6 月 17 日，於：かながわ県民活動サポートセンター。

39 川崎は緒形による団体の英文表記について次のように述べている。「緒形さんがルイス・キャロルが好きで。何ていうか，とても哲学的な人だったんですね。実は当時あてはめてみたんです。オルタナティブ，ライブ……，インテリジブル……，アンド　コミュニティですね……。ベース・フォーだったかな？　拠点ということで。でも 1 回ネイティブの方がこれを見て，はぁ？　何これ？　通じないっていわれて。もうそれでみんな，ああダメだってなって。でも，文章として通じなくてもね，（アリスという名称は）ロゴ的に使っていこうということになって」川崎あやインタビュー，2005 年 9 月 9 日，於：アリスセンター。

40 とりわけ佐藤慶幸を中心にした一連の研究がある。佐藤編著（1988），佐藤・天野・那須編著（1995），佐藤（1996）。

41 市民セクター政策機構（2017）81 ページ。

42 生活クラブ生活協同組合編（1978）。

43 岩根（1978）。またこの本では，生活クラブ生協のあゆみを描いたものとして『主婦の生協づくり──10 万の主婦・10 年の体験』を紹介している。岩根（1978）6 ページ。

44 岩根（2012）16–18 ページ。

45 岩根（1979）336–337 ページ。

46 藻谷小一郎によると，組織問題研究会は次のようなスタンスのものである。「組織問題を理論的にふかめ，実践的に検証することを目的とする，組合内社会党員と活動家の自主的団体である。顧問団は，社会党各派幹部および労組幹部社会党員などの諸氏から成っている。会の目的は，組織論をふかめることによって，大衆活動を発展させ，党を発展させることに寄与するということ，ただ一つであり，方針は一貫している。したがって，組研の仕事は，組織問題の根本的検討であって，それぞれの具体的な活動や闘争にたいして直接的な関係はなく，それらはそれぞれの正規機関の問題であり，責任である」。藻谷（1962）199 ページ。

47 横田克巳インタビュー，前掲。

48 丸山茂樹スピーチ「横田克巳さんを偲び，お別れをする会」2023 年 9 月 23 日，新横浜プリンスホテル。

49 『毎日新聞』1981 年 3 月 6 日 14 版。

50 横田（2017）92–93 ページ。

51 加藤（2012）。

52 この当時，やはり革新自治体首長の代表格のひとりだった藤沢市の葉山峻市長は，生活クラブ神奈川の横田克巳理事長から新しい生活クラブの本館を建設する計画を聞いた

ときに，緒形を推薦した（横田インタビュー，前掲）。藤沢市労働会館のモダニズム建築は斬新で，葉山は緒形の仕事ぶりを評価していたのである。

53　横田インタビュー，前掲。

54　上林（2013）2 ページ。

55　上林得郎インタビュー，2023 年 10 月 30 日，オンライン。および上林得郎からの筆者宛のメール（2023 年 10 月 10 日）。

56　鳴海（2008）101 ページ。

57　2 名のアルバイトの一人が土屋の後に事務局長となる川崎あやで，当時は大学院生であった。川崎（2020）14 ページ。

58　横田インタビュー，前掲。

59　菅原敏夫インタビュー，前掲。

60　横田インタビュー，前掲。

61　横田インタビュー，前掲。

62　横田インタビュー，前掲。

63　横田インタビュー，前掲。

64　以下の記述は土屋，川崎，築それぞれへのインタビュー，およびメールでのやりとりによる確認に基づいている。

65　川崎（2020）6–7 ページ。

66　宇津木・田辺・中村・古沢（1987）187 ページ。

67　自由ラジオについては，粉川哲夫らによる紹介（粉川編，1983）や，若者文化に影響のあった雑誌『POPEYE』（ポパイ）による特集などがあった。その特集においては，トランスミッターなど自由ラジオを実践するための具体的機器の紹介などもされている。「Radio Station ぼくたちの放送局」POPEYE（ポパイ）（1979）86–115 ページ。

68　弁護士だった千葉景子が初出馬する際に，労働組合や市民活動関係者など民間の立場で応援する，いわば勝手連の形で行われたものだった。「景子連絡センター」と名づけられたその市民選対では，麿赤児が主催する舞踏集団・大駱駝艦のパフォーマンスなどを交えた選対イベントなどが行われた。上林得郎インタビュー，前掲。

69　ブログ「Voice Of UTokyo 東大の声」https://voiceofutokyoblog.hatenablog.com/，2022 年 12 月 14 日確認。

70　築（1987b）40–46 ページ。

71　石堂清倫によると，「現代の理論」という言葉はグラムシが「獄中ノート」の中で，マルクス主義の代用語としたものであるという。石堂（2001b）129 ページ。

72　このいきさつについては安東仁兵衛『続・戦後日本共産党私記』第 6 章に詳しい。また，石堂（2001b）でも触れられている（129–130 ページ）。

73　その後，2004 年から 2007 年にわたって第三次が明石書店から発行され，さらに 14 年春からはデジタル雑誌として第四次『現代の理論』が年 4 回無料で配信されている。『現代の理論』デジタルは 2024 年 5 月時点で第 38 号まで刊行されている（http://gendainoriron.jp/index.html）。『現代の理論』デジタルの編集委員の矢代俊三によると，第二期で安藤は現代の理論社を清算し，『現代の理論』も幕引きしている。「89 年 12 月に終刊しました，いわば第 2 次現代の理論（安東仁兵衛，井汲卓一，長洲一二，沖浦和

光さんら）ですが，安東さんが（株）現代の理論社を完全に清算されました」矢代俊三からのメール。2022 年 8 月 26 日。

74　『現代の理論』発刊のことば。

75　また安東仁兵衛は，生活クラブの横田克巳や小塚尚男にも本の執筆をすすめ，それぞれの単著を実現させている。安東が熱心に執筆をすすめたことを，それぞれが「あとがき」などで触れている。横田（1989，1992），小塚（1994）。

第**2**章

アリスセンターの事業構想と模索

1 設立準備段階での構想

設立の準備

　アリスセンター設立のきっかけは，1980 年代後半に生活クラブ生協・神奈川の理事長だった横田克巳が，神奈川県の長洲知事を囲む会で市民活動の情報センターの必要性を発言したことだった。これを受けて，当時，横浜市で飛鳥田市長の参謀として活躍していた鳴海正泰と，後にアリスセンターの代表となる緒形昭義が協力を申し出たことで，それが実現に向けて動き出すことになった。

　そのため横田は，生活クラブ生協・神奈川でそのスタッフの人件費をカバーすることとし，初代の事務局長となる土屋真美子を生活クラブ生協・神奈川からの出向という形でアリスセンターに送り，さらにアルバイトとして雇用された 2 名のスタッフの人件費も負担した。生活クラブ生協・神奈川による人件費の負担は，アリスセンターに行政などからの委託事業が入るようになり，その受け皿となった有限会社アリス研究所が設立される頃まで続いた。

　横田，鳴海，緒形は生活クラブ生協・神奈川や長洲神奈川県知事を応援する「革新県政を推進する学者文化人の会」などの知り合いを中心に，アリスセンターに協力してくれるメンバーを集めるために奔走した。鳴海と緒形はそれぞれ行政職員（後に大学教員），建築家を本業としていたが，さまざまな市民活動

鳴海正泰（タウンニュース社提供）

に関わりながら，通常の行政職員や建築家の枠にとらわれない幅広い活動を行っていた。

鳴海は革新自治体の旗手と評されていた飛鳥田一雄の下で活躍し，「市長の腹心」[1]，「飛鳥田市政の森蘭丸」[2]，「ナルミンジャー」[3]とささやかれながら，議会で苦戦する社会党所属の飛鳥田を支えるために，労働組合や市民活動団体などのさまざまな関係者とのつながりを作っていた。緒形もまた先に見たように，逗子の池子の森の市民運動，飛鳥田市長後任の市民選挙運動な

どに深く関わっていたし，もともと全学連初代委員長となった武井昭夫とともに東京大学での学生運動に励んでいた活動家だった。また，鳴海と緒形は飛鳥田の出身地区でもあった磯子区での地域活動にも積極的に関わり[4]，二人の自宅のあった磯子区の汐見台では，自治会連合会や「汐見台の自治と福祉を考え直す会」などでいっしょに活動していた[5]。

　彼らのこうした活動のつながりから，アリスセンター設立に向けて「市民活動に携わっていた学者，文化人，生協関係者，労働組合関係者，無所属議員などの設立発起人」[6]が集まった。アリスセンターの事務所は，緒形の群設計事務所のあった中区弁天通のビルに置かれた。このビルには緒形の盟友だった弁護士の関一郎の事務所もあった。その関もまた運営委員としてアリスセンターを支えた。

生活クラブ運動の中の情報センター

　アリスセンターの発案者であった横田は，ワーカーズ・コレクティブやデポーなどをはじめとした生活クラブ生協の新しい展開を牽引していた。一方，1981年に生活クラブ生協での活動から身を退いた生活クラブの創始者の岩根邦雄は，生活クラブのシンクタンクとして「社会運動研究センター」[7]を設立

表2-1 アリスセンター設立発起人

氏 名	属 性	備 考
青木雨彦	コラムニスト・評論家	
芦沢宏生	実践女子大学生活科学部教授	中央大学法学部政治学科非常勤講師
飯田 進	社会福祉法人「青い鳥」理事長	元BC級戦犯、巣鴨プリズンに収監
いいだもも	作家、評論家	〈平連、思想の科学研究会
李 仁夏（い・いんは）	在日大韓基督教会川崎教会牧師	（社福）青丘社、川崎市ふれあい館
浮田久子	平和運動家、平和教育研究者	平和の白いリボン行動
大槻勲子	日本婦人有権者同盟同会長	国民連合代表世話人
箱形昭義	群建築研究所所長	アリスセンター代表、初代理事長
越智 昇	横浜市立大学文理学部教授	
長田 浩	関東学院大学経済学部教授	横浜国立大学経済学部卒、関東学院大学大学院経済学研究科修了
風間 龍	神奈川ネットワーク運動	専攻は労働問題
蟹沢道子	神奈川県地方自治研究センター	市民自治をめざす神奈川の会
上林得郎	横浜国立大学経済学部教授	
岸本重陳	清瀬建築設計事務所	
清瀬 水	東京学芸大学教育学部教授	『経済学とビジネス』明石書店、2002年
久場嬉子	座間市議（神奈川市民連）	菅直人秘書
久保田俊二	（社福）藤沢育成会理事長	藤沢市議6期24年
西条節子	神奈川大学経済学部教授	『高度情報化社会と地方の時代』ぎょうせい、1985年
佐藤孝治	神奈川大学法学部講師	
佐藤 司	横浜国立大学教育学部教授	フランス文学者
佐藤東洋麿	横浜国立大学教育学部助教授	
佐野 充	日本大学文理学部助教授	
重岡健司	茅ヶ崎自由大学代表	
嶋田昌子	横浜シティガイド協会会長	
進士五十八	東京農業大学農学部教授	造園学者
助川信彦	横浜市	公害対策コンバス方式担当、後に横浜市公害研究所長
須見正昭	平和無防備条例を実現する川崎の会	平和運動、大学教員
関 一郎	関法律事務所代表・弁護士	

関根久男	海外青年協力隊員（1987-89年）	総合研究大学院大学
寺田悦子	神奈川ネットワーク運動	川崎市民参加型福祉協議会事務局長
橋本宏子	神奈川大学法学部教授	
服部孝子	横浜消費者の会会長	
福田美代子		
藤村久子	藤沢市議	
長島キャサリン	逗子在住（1965年より）	（夫）長島孝一 AUR 建築・都市研究コンサルタント主宰
鳴海正秦	関東学院大学経済学部教授	元横浜市
西山正子	茅ヶ崎市議	
又木京子	神奈川ネットワーク運動	厚木市民自治をめざす会
村橋克彦	横浜市立大学経済研究所教授	
森　清和	横浜市環境科学研究所エコシティ研究室	よこはまかわを考える会
安田八十五	筑波大学社会工学系助教授	「つくば方式（発券方式）空き缶回収リサイクルシステム」考案者
柳谷あき子	藤沢市議	
横田克巳	生活クラブ生協・神奈川理事長	
横溝正子	弁護士	横溝法律事務所
横山桂次	中央大学法学部教授	
若木信子	公団住宅自治協議会	
渡部　允	ジャーナリスト	元神奈川新聞記者

（出所）　筆者作成。

し，その代表となっていた。1960 年代前半に A. グラムシを勉強していた組織問題研究会で出会った横田と岩根は，出発点から運動家であり，政治に強い関心と関わりを持っていた。二人とも運動を支えるための理論を重視し，研究・調査の重要性を認識していた。岩根による「社会運動研究センター」立ち上げは横田を刺激し，それが「情報センター」立ち上げを呼びかけるきっかけのひとつになったと思われる。

　横田はアリスセンターの活動内容に直接的な指示や口出しはしなかったが，図 2-1 に見られるように，アリスセンターを生活クラブの「神奈川ネットワーク運動」の連携団体として位置づけていた[8]。生活クラブの創始者の岩根はも

ちろん，横田にとっても生活クラブ生協は社会運動を支える活動のひとつであり，活動は生協以外にも広げられていった。それらの諸活動を政治活動として連動させたのが「神奈川ネットワーク運動」（NET，あるいは神奈川 NET と通称される）であった。これは生活者としての「おおぜいの私」たちの代理人を，議会に送り込もうという代理人運動だった[9]。NET は，1983 年の統一地方選挙において生活クラブから初めて市議会議員を当選させ，87 年の統一地方選挙では，神奈川ネットワーク運動が 15 人の主婦候補を立て，前半戦で横浜市議，川崎市議に 5 人が当選，後半戦では全員が当選するという成果をあげた[10]。このように NET は「代理人運動」からローカル・パーティーへと発展し，さらには国政にも参加していく[11]。

　横田は，この NET をはじめとする生活クラブを起点としたさまざまな活動について，次のように述べている[12]。

　　市民主権を当たり前に行使するには，簡単にいえば，国・政府の価値基準をさかさまにして生活価値・使用価値の基準で対抗し，それにふさわしい力関係を形成していかなければならないのです。そうしないと，国民国家と市民社会の統治をめぐるあり方を競い合えません。そのための参加型「民主主義」を力あるシステムにしようと考えた時に，いわゆる社会的な意味での民主主義には，企業や行政，労組や協同組合，自治会や PTA に至るまで，そこで自らの社会権力をつくっており，民主主義の実践が問われます。それらは，地域民主主義とか経済民主主義といってもいいと思います。そして運動や事業の基盤はすべて地域社会に根ざしているとすれば，共通の参加型民主主義を持ちうるのです。そこでは，市民の主体性があるほどに多様な社会的権力を自生させ，「市民力」を実態化していけるはずです。（中略）
　　市民事業や市民活動，あるいは NPO，労働組合や個人企業者などまでを含む領域概念として，私はそれらを「市民資本セクター」と呼んでいます。

この横田の「市民資本セクター」の概念は，1989 年の著書では「協同組合セクター」，「第四セクター」という言葉で表現されていたが[13]，いずれにしてもそこには若き頃に岩根らとともに学んだグラムシ的なヘゲモニー論の発想が

図 2-1　生活クラブ

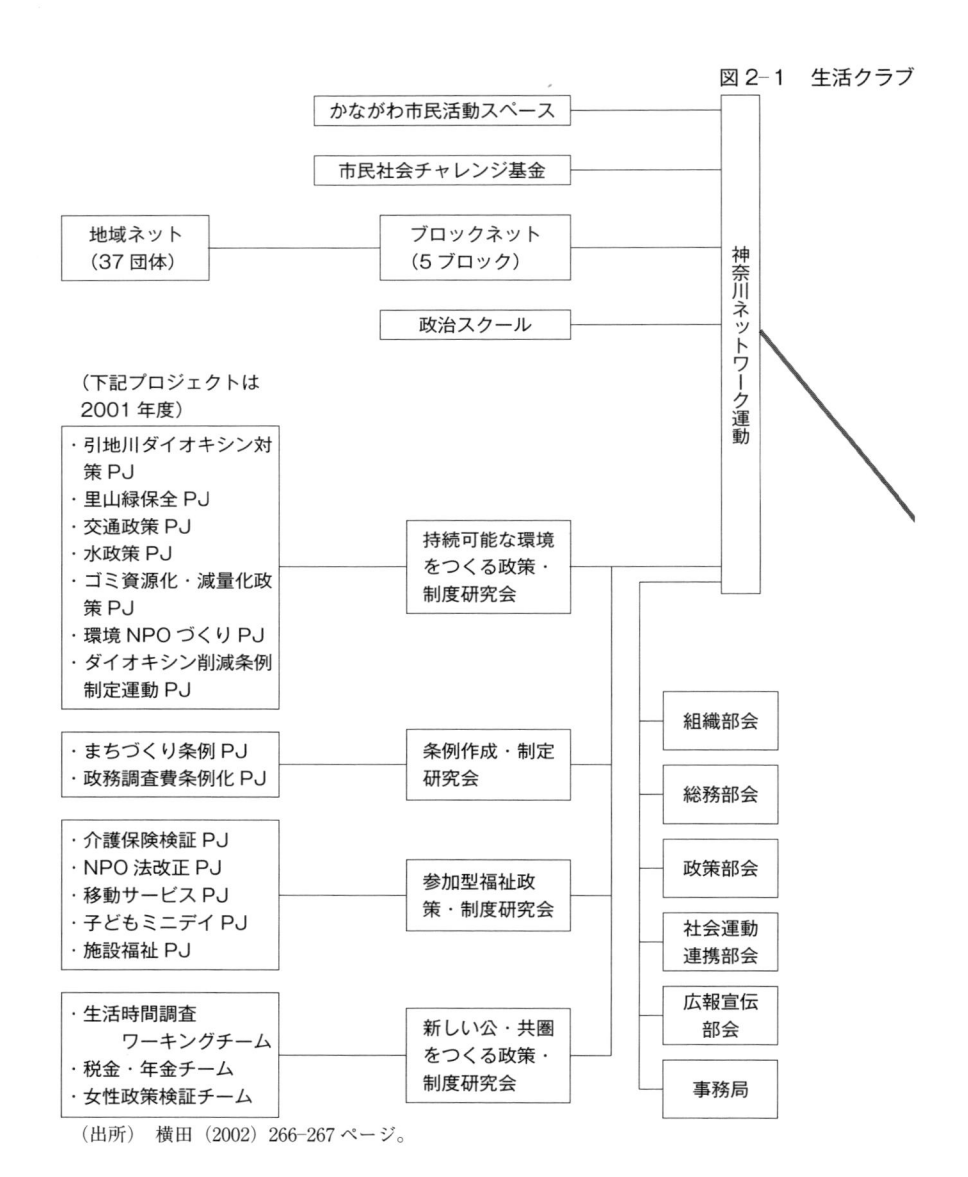

（出所）　横田（2002）266-267 ページ。

運動連携概要

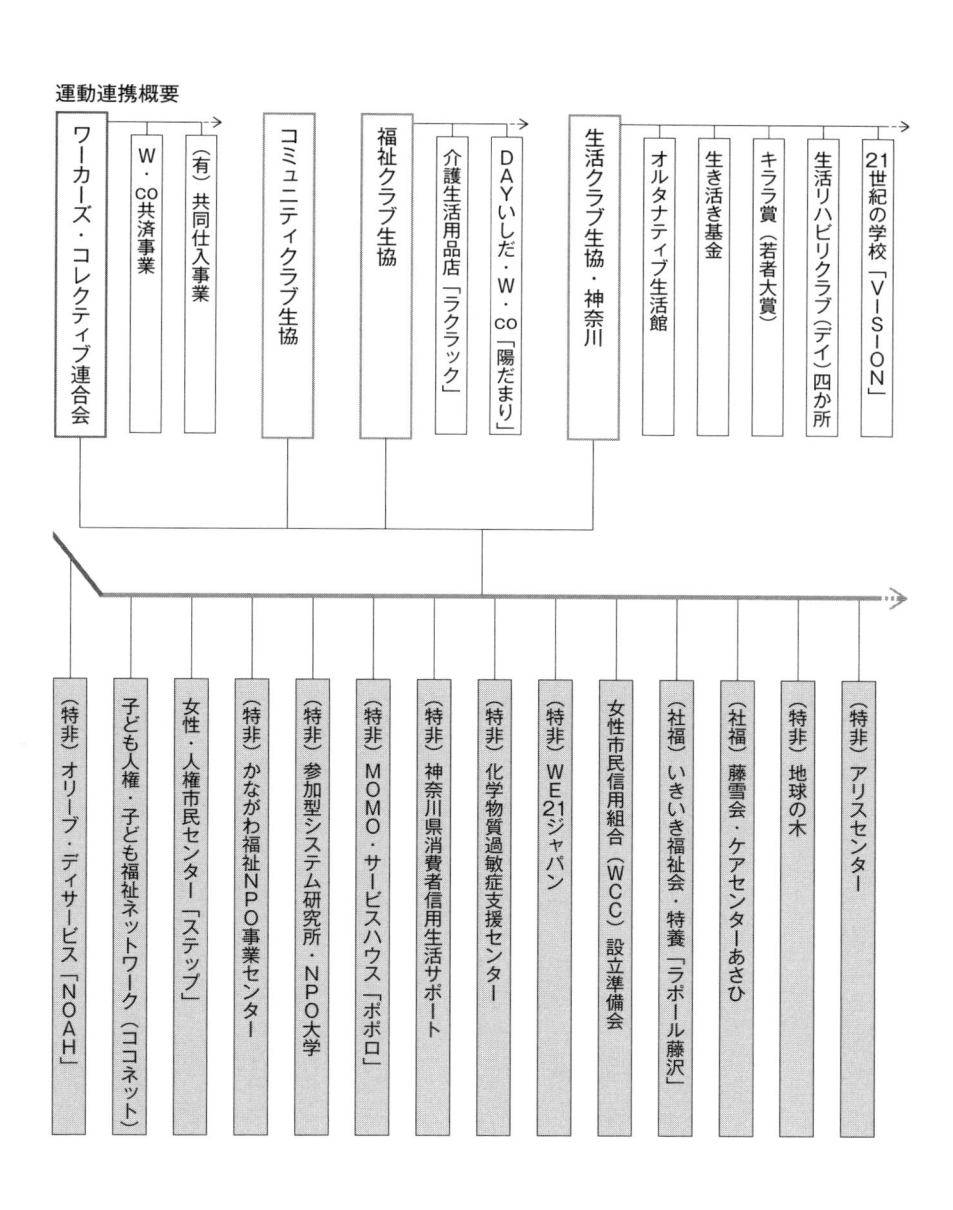

見られる。そうした構想の一要素として「情報センター」が位置づけられていたのである[14]。

2　始動期の活動

実際の事業の模索

　横田はこのような構想の下，デポー開始（1982年），ワーカーズ・コレクティブ設立（82年），神奈川ネットワーク運動設立（84年），オルタナティブ生活館建設（85年），福祉クラブ生協設立（89年）と，次々に新たな事業を展開していった[15]。一方，「情報センター」と位置づけたアリスセンターに関しては，発足の音頭取りはしたものの，その具体的な活動は鳴海や緒形にまかせ，あとはアリスセンターの運営委員に生活クラブから1名を出すだけだった。先にも述べたように，アリスセンターの唯一の専従職員となった土屋真美子も生活クラブからの出向という形になっていたが，それは人件費を生活クラブから出すための形式的なもので，アリスセンターでの活動について横田や生活クラブからの指示はほとんどなかった。

　アリスセンターのかじ取りをすることになったのが運営委員会であり，その代表が緒形だったが，運営委員会のメンバーは多士済々で，具体的な事業の企画を指示することはなく，アドバイザー的な存在だった。そして緒形はといえば，設立時からのスタッフであり，2代目の事務局長だった川崎が「緒形氏は市民的カオス（混沌）こそ，パラダイムの転換と新しい市民社会を生み出す源泉だと考えていた」[16]，「大変に哲学的な人だった」[17]と述懐するように，実務的な指示を出すようなタイプではなかった。また，緒形を知る人たちが「アナーキスト」と評したように[18]，対国家，アンチ政府的な志向が強かった。緒形は運動家としてのスタンスをずっと崩さなかったのである。

　しかし，そうした緒形の志向は，事務所を構え，専従職員を抱えてスタートしたアリスセンターの現場においては，必ずしも説得的なものではなかった。このような緒形とスタッフとの微妙な距離については，緒形自身も気づいていたようで，飛鳥田一雄の次の市長を選ぶ選挙をめぐって緒形といっしょに活動した山田宗睦は，次のようなエピソードを披露している[19]。

　いつごろのことか，記憶にない。15 年ほどは前だったろうと思うのだが，緒形君がやや詠嘆的にこういう趣旨のことを言った。このごろワルモノ扱いされているというのである。ずっと住民運動をしてきて，新しい若い世代の活動家もでてきて喜んでいたのが，それから何年かがたつうち，何か方針や事を決めるとき，オレのいう考え方や，こういうふうにやってきたと昔のことをくりかえすのが，新しい人達からは，事をすすめる邪魔になっているとみえるらしく，古くさい考えややり方で邪魔するワルモノになったらしいんだ。そういう緒形君にいくらか質問を重ねて，若い世代との考え方の違いの中心が，対国家のスタンスの取り方にあるのが，分かった。

　このような状況だったため，運営委員会で活動目的などは定められたものの，具体的な事業の内容についてはスタッフが手探りで模索するしかなかった。その当時の様子について，土屋は次のように述べている[20]。

　当初からアリスセンターの目的は，①市民活動の情報交換の拠点の提供，②市民活動・市民事業のサポート，③新しいプログラムの創出の三つであり，これは今でも変わっていない。しかし，あまりにも漠然としたこの目的の前に，スタッフは何を具体的にして良いのやら理解できず，大変悩んだ。
　とりあえず取り組めそうなのは①の情報交換の拠点である。まずは情報を集めて発信しようと，「らびっと通信」という情報誌を「月 2 回」のペースで発行することにした。らびっと通信は，県内の市民活動の状況を紹介する特集と県内のイベント情報の 2 部構成になっている。特集はスタッフが取材にいったり，原稿を依頼したりというかたちで集める。イベント情報は，市民団体の主催するイベントの情報で，これは当初はスタッフが様々なイベントに出向いてアリスセンターをピーアールしながら，情報を集めて回った。
　「らびっと通信」のコンセプトは，「市民活動を行っている人たちが自由に使えるツール」というもので，主役は情報を寄せてくれる市民であり，らびっと通信は一つの情報交換のツールというのが編集方針だった。

パソコン通信「ワンダーランド・かながわ」

　情報誌の発行と同時に最初の事業として取り組まれたのがパソコン通信のホスト局の運営だった。これも情報発信・提供というよりは，市民活動に関わる人びとの情報交換する場の提供であった。「ワンダーランド・かながわ」と名づけられたパソコン通信は，『らびっと通信』と並んでアリスセンターの公式的な設立（1988 年 5 月）に先立って開局された。

　当時のパソコン通信は，受話器に音響カプラを装着して電話回線でパソコンをつなぐもので，電話の通話料と同じ料金がかかった。もちろん，今日のインターネットのように広く普及していたものではなかった。しかし，パソコンがある程度普及しはじめ，情報化社会の到来が叫ばれていたこともあり，一般的にもその可能性について注目されていた。また，ちょうどその頃にアメリカ西海岸での市民活動でパソコン通信が活発に利用されているというレポートもあった[21]。「まちづくり情報センターかながわ」という名前を掲げていただけに，アリスセンターでもこれに取り組むことになった。必ずしもパソコン通信に関する知識や経験があったわけではなかったが，事業の柱のひとつとして取り組まれたのである。そのときの様子について，土屋は次のように述べている[22]。

　　　職場で，パソコン通信なるものを始めることになった。（中略）

　　　我が社のパソコン通信は主にコミュニケーション手段として導入された。その導入にあっては，我が職場でも多くの議論がなされた。女性が機械に弱いとは一概に言いたくはないが，女性からの摩擦が大きかったのは確かである。「機械に頼るより，手作りのぬくもりのあるコミュニケーションを大事にしたい」というのが大方の反対理由。これもわからなくはないのだが，「21 世紀に生きる人間にとって，一生パソコンにふれないで過ぎる，というものはもはやありえない」という一人の意見で皆渋々納得させられ，パソコン通信は稼動し始めた。

　このように，情報誌発行とパソコン通信ホスト局運営を事業のメインとしてアリスセンターの事業は開始された。このほかには市民活動団体の交流の場を

つくることを意図してフォーラムなどが開催された。要するに，アリスセンター立ち上げ期は「まちづくり情報センターかながわ」あるいは「center (space) for Alternative Live Intelligible Community & Environment」という名称と団体の目的こそあったものの，そのミッションや活動内容については抽象的にしか認識されておらず，具体的事業は「情報」，「情報の拠点」をキーワードにして現場スタッフを中心に模索されていたのである。

3　市民活動の事務局業務

『地球を救う127の方法』

　アリスセンターの設立関係者や運営委員会のメンバーは，神奈川県や横浜市におけるまちづくりや市民活動の分野のキー・パーソンたちであったが，実際の事業を担うことになったスタッフたちはいずれも若く，活動経験も浅かった。そのため目的とされた「情報の拠点」となるには，まずアリスセンターの認知度を高めることから始めなければならなかった。また，「情報の拠点」といってもまだ情報の蓄積がなく，スタッフのネットワークも限られていた。そのため，まず情報収集のために市民活動団体を訪問したり，フォーラムを開いたりとネットワークづくりに労力が費やされた。

　土屋や川崎らスタッフによるネットワークづくりの努力は，２年あまりのうちに実を結びはじめた。とりわけ，1990年のアースデイ[23]の一環として取り組まれた『地球を救う127の方法』という環境問題に関する啓発リーフレットを神奈川県のいくつかの市民活動団体で作成した際に，その事務局を担ったことがアリスセンターの知名度を上げることになった。このリー

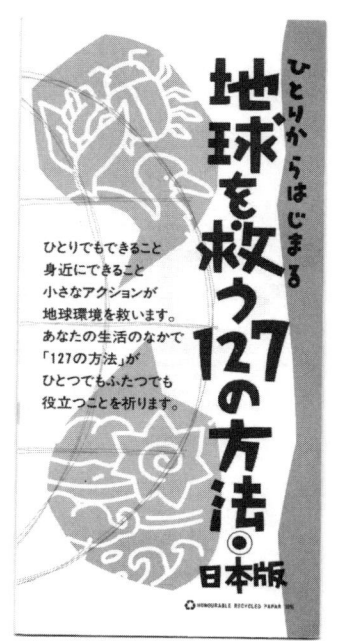

地球を救う127の方法
（3度の増刷で8万5000部を印刷した）

フレットは予想外の評判をよび，3度も増刷され，最終的に8万5000部を印刷することになった。この当時，土屋はその経緯を次のように述べている[24]。

　日本でもアメリカからの呼び掛けにこたえ，アースデイに取り組むことになった。そして昨年の暮れに「神奈川でも何かしませんか？」という話がアリスセンターに入って来た。アリスセンターは，市民活動や市民事業など自発的な活動をしている人たちとネットワーキングをすすめるための情報センターである。そこで常日頃情報を取り合っている人たちに連絡し，「アースデイに何かできるか？　何かするか？」について話し合うことになった。一番最初の会合を持ったのが八九年の十二月二十五日。その時に集まったメンバーを中心に，何となく「アースデイかながわ連絡会」が結成された。
　とはいえ，当時はメンバーも「アースデイ」なるものを全然知らなかった。突然「アースデイに何かしませんか？」という話が舞い込んできたわけだから，最初は「何？　それ」という反応。趣旨がわかると「アメリカでするから日本でもしよう，というのは安易だ」という当然の疑問が生じた。もともと「神奈川」とか「横浜」という自分たちの地域を中心に考えているメンバーなので，「中央から持ち込まれた話」には警戒心が働く。
　「アースデイを神奈川で行う意味づけ」なるものを二，三度カンカンガクガク話し合ったが，ちっともらちがあかない。またたくまに一カ月が過ぎ，そろそろ焦り出した頃，やはり何となく「ま，悪いことじゃないから，やろうか」ということになった。
　それでは何をするか，イベント？　シンポジウムとかフォーラム？　ハイキング？　環境問題が一日だけのイベントで解決できる問題ではない。それにイベントはあちこちで開催されるだろうから他のことを考えよう，と議論しているとき「地球を救う133の方法」に出会った。

アースデイへの参加

　アースデイは市民運動全国センターの世話人であった須田春海が中心となって進められており，そこからの呼びかけであった[25]。須田は都政調査会で美濃部亮吉の革新都政を支え[26]，都政調査会を退いてからも自治労といっしょに活

動することが多かった。アースデイもそうした活動のひとつだった。アリスセンターの役員やスタッフは，飛鳥田や長洲などの革新自治体とつながりを持つ者がいたし，また，須田や横田克巳と土屋個人とのつながりなどがあったため，アースデイについてはそれまで何も情報がなかったにもかかわらず，ある程度前向きに検討されたのである。

　このように最初は必ずしも積極的ではなかったアースデイへの参加であったが，リーフレットが大成功したこともあり，アリスセンターの事業の新たな方向性につながることになった。これについて川崎は次のように振り返っている[27]。

　　アリスセンターが少しずつ認知されるようになるのは，1990年にアースデイかながわ連絡会が「地球を救う127の方法」を発行したときに事務局を担ったころからであろう。「風呂を沸かしたら続けて入浴する」など，生活のちょっとした工夫を127項目あげたリーフレットで，入手希望の電話が殺到した。有志の集まりであるアースデイかながわ連絡会の「共同作業の場」としてアリスセンターがあった。その後，県内で活動する人や団体を紹介する「(もっと)²神奈川」の編集・発行（1993年）など，市民の共同作業にアリスセンターが事務局を担うという手法が定着していった。

　この「アースデイかながわ連絡会」の事務局を担ったことをきっかけとし，アリスセンターではファイバーリサイクルネットワーク，よこはまの森フォーラム，障害者のパソコン通信ネットワーク，市民ネットワーキング相模川，(もっと)²神奈川の編集・発行，かながわNPO法研究会，よこはま市民運営施設ネットワーク，神奈川自然エネルギー工房などの事務局業務を担っていくことになる。

　アリスセンターが市民活動の「情報の拠点」となるにはどうすればよいかを模索し，市民活動の情報収集とネットワークづくりに励んでいた段階から，市民活動の共同活動の事務局を担うことで「情報の拠点」となる方向性が拓かれていったのである。

4 情報サービスの転回

　神奈川県という地域におけるまちづくりの「情報センター」を担おうとした
アリスセンターは，市民活動の個別分野のトピックではなく，「まちづくり」
という概念の下にほとんど分野を限定しない市民活動全般の情報を扱う交流の
「場（スペース）」をめざした。その具体的手段として月2回発行される紙媒体
の『らびっと通信』，パソコン通信の「ワンダーランド・かながわ」がコア事
業として設立にあわせて準備された。

　しかし，パソコン通信の方は「90 年代初めにはすでに休眠状態となった」[28]。
これはその当時のパソコン通信が，今日のインターネットのようにネットに接
続されていればあらゆる端末がつながるようなものではなく，日本電気（現
NEC）が運営した PC-VAN，富士通が中心となった Nifty-serve などの大手
の商用通信サービスごとの閉じられたネットであり，「ワンダーランドかなが
わ」はさらにそれらとは接続されない独自のホスト局となっていたことや，そ
もそもパソコン通信はおろか，パソコンでさえ一般家庭には普及していないと
いう時代状況があった。実際，アリスセンターが正式に活動を開始して数カ月
後の頃に，土屋はインタビュー記事で次のように述べている[29]。

　　初めの頃は説明に行っても，「パソコン通信」という言葉で，アレルギー
　を起こす人も多かった。また，「集めた情報を何に使うの？」ときかれた。
　「なんで，そんなにパソコンを目のかたきにするんだろうと思ったこともあ
　りましたね。でもアリスセンターが動いていくうちに，すこしでもパソコン
　通信のよさも知ってもらえればいいんですけど……」。

　それとは対照的に，紙媒体の『らびっと通信』の方は徐々に定着していった。
同じインタビュー記事で次のように書かれている[30]。

　　最近では，情報誌として発行している『らびっと通信』の情報集めも，定
　期的に資料を送ってくれる人が増えてきている。はじめに説明に行った時に

は断られた人からも情報が送られるようになった。結局は，実物がいちばんわかりやすいということだろう。

　さまざまな市民活動のための情報の拠点としてのアリスセンターのあり方や事業の模索の中で，自分たちが情報を発信するというよりは，さまざまな活動の情報の交流がなされる場をつくるというのが『らびっと通信』でも，パソコン通信の「ワンダーランド・かながわ」でも基本的な考え方になっていた。共同的活動の事務局もやはり同様の考え方からの事業だった。

　ところが，アリスセンターの存在が認知されるようになり，情報も蓄積されるようになっていくにつれて，土屋ら事務局スタッフはこれまでの「情報の拠点」としてのアリスセンターの考え方に疑念を持つようになる。土屋は次のように述べている[31]。

　　ただ，この時期あたりからスタッフは妙なことに気づきはじめてもいた。相談や問い合わせは徐々に増えてきたのだが，その多くが行政やマスコミからの問い合わせなのである。たしかにアリスセンターは認知されはじめ，市民からの情報の提供は多くなっていたので，らびっと通信の情報欄は充実してきていたが，具体的な市民団体からの相談よりもマスコミや行政からの問い合わせの方が圧倒的に多い。「本来，市民活動のための情報センターなのに，なぜか？」と自答して出た結論は，現在アリスセンターで取り扱っている情報は，市民として発信したい情報ではあるが，自分たちが欲しい情報ではないのかもしれない，ということだった。むしろ市民が本当に欲しいのは，どこでどのようなイベントがある，というような「暇が出来たら行ってみるか」的な情報ではなく，「無料で使える印刷機はどこにあるか？」「チラシはどこに置けるか？」というような明日からでも利用できる具体的なノウハウなのではないか。しかし，そうしたノウハウは実際に傍観者ではなく主体になってはじめて会得できる。主体ではないアリスには残念ながらノウハウや具体的な情報は蓄積されていない。

川崎もこの点については何度か言及している。たとえば，2004 年の神奈川

ネットワーク運動のプロジェクトの提言書の中で，以下のように述べている[32]。

　当初は，その名の通り県内各地域・各分野の市民活動が団体間や専門家・行政職員などとの情報交流を通して，上記のような役割を果たしていこうと考え，ニュースレターやシンポジウムなどに力を入れた。しかし，徐々に，すでにある情報やノウハウを行き交わせるだけでは，市民活動にとってそれほど有益なセンターとはならないということがわかってきた。市民活動にとって本当に有益なのは，多くの市民団体がもっていない情報やノウハウであり，そうした情報やノウハウを蓄積し，提供することが必要なのだと考えるようになった。そこで，アリスセンターだからこそできることとして，初めは，市民団体のネットワーク組織の事務局を担ったり，アリスセンターが行政から受託した事業や調査に，市民活動団体に参加してもらい意見反映を図ったりした。さらに，そうした経験をもとに，市民団体などに呼びかけて，地域社会で福祉やリサイクル・自然環境保全などの新たなしくみづくりを実践したり，市民活動団体が政策提案や組織改革を行うためのコンサルティングや関係者間調整（コーディネート）などを行うようになってきたのである。

これまでは「情報の拠点」として，さまざまな市民活動が情報を交流させる「場」を提供することが情報センターとしての役割（「上記のような役割」）だと考えられていたものが，それでは「市民活動のための情報センター」，「市民活動にとって有益なセンター」たりえないのではないかと気づいたのである。そして，神奈川県を中心とした地域で活動する市民団体から情報の提供を受けて，それらが交流する媒介としてのセンターから，むしろ市民団体へ向けての情報提供，ノウハウ提供をめざすという情報をめぐる転回が生じたのである。

5　シンクタンク事業と市民活動支援事業

　市民活動団体からの情報が集まったアリスセンターに，市民活動団体やその活動に関する情報を求めたのは行政やマスコミだけではなかった。神奈川県や横浜市などの自治体から委託調査を受けていたシンクタンクやコンサルの会社

などもまたそうした情報を求め，アリスセンターに問い合わせてくるようになった。そして，このことがアリスセンターに新たな事業を展開させることになる。その経緯について川崎は次のように述べている[33]。

　1993年から94年頃には，当時自治体の方でも，たとえば環境保全活動を助成する制度をつくるといったときに，シンクタンクやコンサルに調査委託をするんですが，環境保全活動に関する団体の調査なんてことになると，コンサルなんかはちょっとお手上げになるんですね。どこにどういう団体があってとかいうのが……。それで（コンサルから──筆者注）結構アリスセンターに協力してほしい，話を聞かせてほしいだとか，そういう団体に話を聞くところを担ってほしいとか。それをやってるうちに，もうそれだったら直接やっちゃったらいいんじゃないかと……。そういう話が数百万単位で入るようになって，これだったら収入も期待できるし，何といっても自治体と直接的なつながりができて，コンサルを介することもなくなってきたし……。
　それともうひとつは，アリスとしてはそういう場に参入していくということは，今までたとえば市の何とかの基本計画でも，市民というのか私たちアリスが知るのは，大体そうしたコンサルなんかが入って基礎調査とか検討調査とかやって青写真ができて，そのときに知るんですよね。そのときに（なって──筆者注）「こういうんじゃダメだよ」ってことも，（それまでには──筆者注）なかなかわからない。その調査の段階に入っておくっていうのは，その時点で「今こういう動きがあるよ」とか，「意見言うんだったら今だよ」というような……。そういうところは積極的にやって，参入していくことで，早い段階から市民活動が施策に参画することができるんじゃないかと考えて，委託事業をやっていこうと。

　それまで市民活動の情報のセンターたらんとして，さまざまな団体を訪問したり，フォーラムを開いたり，情報媒体を用意したりと活動を模索してきたものの，それは市民団体にとっての情報センターというよりは，むしろ行政やマスコミ，さらにはコンサルに重宝される情報提供者になっていたのである。そのことに気がつくと同時に，そうした調査の活動が収入をもたらす事業になり

うること，さらに行政の施策に市民活動がよりいっそう効果的に参画できる機会を広げるということにも気づいたのである。

　こうしてアリスセンターでは，設立4年目の1991年に空き缶処理協会から受託した「商店街における廃棄物処理の実態調査」や横浜市環境保全局から受託した「環境保全活動推進に関わる支援策等の検討調査」などを皮切りに，委託調査を受けるようになる。初代事務局長だった土屋は，初期の委託事業について次のように述懐している[34]。

　アリスセンターがスタートした1988年から3年間，年間収入は約300万円。すべてが会費によるものだった。（中略）ところが，4年目にアリスの収入は1300万円に跳ね上がる。これは1000万円の事業を受託したからである。アリス最初の受託事業は，行政からではなく，「空き缶処理協会」からの散乱缶調査だった。調査とはいうものの，実際にやったことは，観光地で飲料缶を買った人はどこに捨てるか，という追っかけ調査。具体的には祝日の翌朝，清掃の前に植え込みなどに捨てられている缶を拾い，その数量を測るとともに，ゴミ箱ひっくり返して缶の総数量を計測するという汚れ仕事であった。汚れ仕事であろうとなかろうと，事業規模が膨らんだことは事実で，私は，「市民団体もこうやって事業を受けていけば，食っていくことができる」と思った。当時世話になっていた須田春海さんから「事業収入に頼らず，多くの人に支えられる道をアリスは追求してくれ」と忠告を受けたりもしたが，「ほかに道ありませんから」と反抗した。

　そして翌年の1992年には横浜市や平塚市のいくつかの調査事業を受託しており，この頃が委託事業を積極的に受け入れる転換点となった。生活クラブ生協・神奈川による人件費負担がいつまで継続されるかわからない中で，事務局長だった土屋は「食っていく」道を懸命に模索していたことがわかる。

　そして委託事業を受けるために，その受け皿となる法人が設立されることになる。委託事業の多くは自治体からのものであったが，法人格を持たない任意団体では行政の事業者登録ができないなど，さまざまな不便があった。しかし，当時はまだNPO法はできておらず，社団法人や財団法人となるのはハードル

が高かった。結果として，1994 年 5 月に委託事業を受けるための法人として「有限会社アリス研究所」が設立された。緒形が有限会社の社長となり，取締役には土屋と十文字修の 2 名が就任した。そして本体のアリスセンターの事務局長は川崎が担うことになった。法人の設立をめぐる議論や様子については運営委員だった菅原敏夫が詳しく紹介している[35]。

　　受注・受託事業者としての仕事が増えていくにしたがって，組織の体制整備が課題となってきた。実際，責任体制の整備が求められるようになってきた。当時，事業の受託は，代表者の「緒形昭義」名義で行われていた。しかし代表者はアリスセンターの事業に専念しているわけではなく，アリスセンターの事務局が事業を主導していた。同じことだが，アリスセンターの名義で契約をすることができない。法人格がないから法律行為はできないのだ。生活クラブ生協・神奈川の出向のメンバーであるうちは生協の社会保険が適用されるが，独立すると社会保険の適用を事業所として検討しなければならない。法人格と直接関係はないが，組織整備の一環ではある。法人格がないと，とくに自治体の事業者登録ができなく，営業活動に著しい不便を感じることとなる。このような理由から，1993 年にアリスセンターの中に法人化検討委員会が設置され検討が進められた（これは NPO 法成立の 5 年前である）。
　　（中略）
　　そうなると商法上の営利組織，株式会社か有限会社ということになる。最低資本金の額を考えると有限会社が妥当だろうという結論となった。これを元に 1994 年 3 月 12 日のアリスセンター臨時総会の議決を経て「有限会社アリス研究所」が設立された。資本金は会員・役員の出資でまかなわれた。アリスセンターの業務を情報交流の「情報センター」，市民活動・市民事業支援の「サポートセンター」，「シンクタンク」に分類し，主に「シンクタンク」機能を外形化する形でアリス研究所が設立された。

アリスセンターの業務を「情報センター」，「サポートセンター」，「シンクタンク」の 3 つに分類するのは設立時からのコンセプトだった。立ち上げの際に目的として，「交流の場づくり」，「市民活動・市民事業のサポート」，「新しい

プログラムの開発」の 3 つが掲げられ，それらの目的の達成のための機能として挙げられていた。しかし，初期においては「情報センター」にまず手がつけられた。それは意味が理解しやすく，具体的な事業として着手しやすかったからであった。他方で，「サポートセンター」，「シンクタンク」としての事業は必ずしも明確なものではなかった。それが調査などの委託事業を本格化する中で「シンクタンク」事業が明確となり，そのための法人を併設することになったのである。

もちろん 3 つの目的と 3 つの機能は，アリスセンター立ち上げに際して掲げられたものであったが，その解釈や具体的な事業への展開については必ずしも明確なものではなく，土屋や川崎などの現場の事務局スタッフが手探りしながら事業を起こし，運営委員会と協議しながら方向性が模索されていた。その過程での委託事業への積極的な取り組みと，その体制としての有限会社設立であった。

もっとも，有限会社アリス研究所はあくまでも形式的なもので，これまでと同じようにアリスセンターの事務所で同じ顔ぶれのスタッフで事業が行われていた。しかし，有限会社アリス研究所は収入確保の手段としての役割を担いながら，その運営には新たな苦労も伴うものだった。この点について土屋は，後に次のように述べている[36]。

アリス研究所は 94 年，95 年と順調に事業を拡大した。ところが，事業拡大するときにつきものの「資金繰り」問題が 95 年の後半に生じてきた。アリス研究所は主たるクライアントが行政であり，行政の委託費はほとんど後払いである。今でこそ中途払いを要求する知恵もついてきたようだが，当時は仕事をこなすことで精一杯で，気づいたら，仕事はあるが金がないという事態に陥っていた当時，アリス研究所の取締役だったのは土屋と十文字氏。二人であちこちを聞きまわって，出した結論は「国民生活金融公庫から金を借りよう」。

（中略）

保証人は必要だったが，アリス研究所の取締役と監査役で事なきを得，アリス研究所は 500 万円を 1996 年 4 月に借りることができたのである。そし

て 2001 年 3 月に完済し，それを見届けて私は正式にアリスセンターを離れた。

注 ————————

1　井口編著（1976）49 ページ。

2　飛鳥田（1987）53 ページ。

3　「こうした役人をはみだした行動をしたために，私はマスコミから米国のキッシンジャーにかけて横浜のナルミンジャーとアダナをつけられたのだが，私にやれやれとけしかけて喜んでいたのは飛鳥田市長であった」（鳴海，2003，216 ページ）。

4　磯子区は横浜で最も早く住民組織がつくられた地域でもある。横浜市住民運動連合（1969）81 ページ。

5　飯田・鈴木・吉原編（1981）。

6　川崎（2013）6 ページ。

7　1996 年に「市民セクター政策機構」に改組。「社会運動研究センター」は，1980 年ごろから設立準備が進められ，1980 年 2 月にその準備会の会報として刊行されたものが『社会運動』誌となった。道場（2017）48 ページ。

8　横田（2002）266–267 ページ。

9　このため神奈川ネットワーク運動では，議員を職業化しないよう議員の任期を 2 期 8 年までに限る「ローテーション制」をとっている。NET 憲章「5 つの政治姿勢」神奈川ネットワーク運動ホームページ　https://kanagawanet.org/net/net5，2021 年 2 月 17 日確認。

10　横田（1989）114 ページ。その後も議席を増やし，1991 年の統一地方選挙では神奈川県議会に初の議席を獲得し，99 年の統一地方選挙では計 39 人の当選者を出した。しかし，その後はあまり広がりを見せず，議員数も減っていった。

11　朴（2005）。

12　横田（2002）166 ページ。

13　横田（1989）106–108 ページ。

14　その後，横田は 1996 年に結党された民主党の全国幹事となり，さらに翌 97 年には石毛鍈子，須田春海とともに「市民がつくる政策調査会（市民政調）」の設立準備会の世話人となっている。市民がつくる政策調査会編（2017）7 ページ。

15　横田によるこれらの事業の展開については，横田（2002）を参照のこと。

16　川崎（2013）6 ページ。

17　川崎インタビュー，2005 年 9 月 9 日，於：アリスセンター。

18　たとえば，田村明は「私はいつも『緒形はアナーキストだね』と半分からかったが，彼の徹底した自由の精神には共鳴するところがある。ただ当時は，私も横浜市の職員として組織を動かして仕事をする立場だから，極端な自由主義にも賛同できない」と，緒形の変わることのなかった奔放な様子をやや皮肉まじりに述懐している。田村（2008）7 ページ。

19　山田（2008）90 ページ。

20 土屋（1999）84–85 ページ。

21 岡部（1986b）。また岡部は，日本でのパソコン通信環境と具体的な利用方法を解説している。岡部（1986a）9–11 ページ。

22 土屋（1988）62 ページ。

23 1970 年にアメリカのウィスコンシン州選出の G. ネルソン議員が，4 月 22 日を“アースデイ”であると宣言して開始された環境運動である。1970 年の第 1 回のアースデイでは，アメリカ各地で 2000 万人以上が参加した。日本では 1989 年「アースデイ日本◎1990 ⇔ 2000 ◎日本・東京連絡所」が発足して 1990 年から開催され，2000 年以降は各地で開催されている。アースデイ JP ホームページ　https://earthday.jp/，2021 年 2 月 20 日確認。現在，アースデイ JP は活動休止となっている。「アースデイ JP 活動休止のお知らせ」アースデイ JP ホームページ　https://earthday.jp/，2024 年 7 月 1 日確認。

24 土屋（1990）33 ページ。

25 須田は『地球を救う 133 の方法』の中で次のように書いている。

　「そのアースデイの準備段階で，アメリカの雑誌『Utne Reader』（1989 年 1 月 12 日）が『地球を救う一三三の方法』を特集していることを知り，許可を得て翻訳してみて驚きました。生活風習の違いはあっても，日本の一九八〇年代の市民運動と問題意識はまったく同じといってもよいことを発見したからです。

　私たちの仲間の神奈川のグループは早速，日本の生活に合わせた『地球を救う 127 の方法・日本版』を作りました。いまでもこの二冊のリーフレットは引っぱりだこです」（アースデイ日本編（1990）「はじめに」）。

26 都政調査会については，鳴海（2012）を参照のこと。

27 川崎（2013）7 ページ。

28 まちづくり情報センターかながわ（2001b）38 ページ。

29 鈴木（1989）14 ページ。

30 鈴木（1989）14–15 ページ。

31 土屋（1999）86 ページ。

32 川崎（2004）30 ページ。

33 川崎インタビュー，前掲。

34 土屋（2013）28 ページ。

35 菅原（2013）15–16 ページ。

36 土屋（2004）55–56 ページ。

第3章

NPO 法とアリスセンター

1　阪神・淡路大震災と NPO 法の成立

シーズの発足

　有限会社アリス研究所が設立された翌年の 1995 年 1 月 17 日に阪神・淡路大震災が起こった。これがきっかけとなり，NPO 法成立に向けてのイシューが盛り上がり，それから 3 年後の 1998 年 3 月に特定非営利活動促進法（以下，NPO 法）が成立した。

　アリスセンターが行政からの委託事業を受けるために有限会社を設立したように，NPO 法ができるまでは，市民活動団体が法人格を取得しようとしてもマッチする法人制度がなく，多くの市民活動団体はやむなく有限会社となったり，あるいは法人格のない任意団体として活動していた。もちろん，公益法人や社会福祉法人などの法人制度はあったが，それらは主務官庁などによる許認可と指導監督があったばかりか，そもそも法人成りのハードルが高く，なかなか法人格を取得することができなかった。そうした状況に対して，公益法人制度の改革や新しい法人制度の創設を求める声が以前からあがっていたものの[1]，なかなか具体的な動きには結びつかなかった。

　そのような中で，有限会社アリス研究所の設立と同じ 1994 年に「シーズ＝市民活動を支える制度をつくる会」（以下，シーズ）が発足した。シーズは，1994 年 11 月に東京ランポ，自由人権協会，市民フォーラム 2001 の研究会が

シーズの事務局長　松原明（2008 年 1 月，飯田橋の事務所にて。筆者撮影）

母体となって，市民団体 24 団体によって結成され[2]，阪神・淡路大震災後にボランティアへの世間の関心が高まり，政府内でボランティア支援立法の動きが起こったことを受け，ロビイング活動を活発化させ，多くの市民活動団体や国会議員などを巻き込んで NPO 法成立への運動を牽引した。このシーズの発足が示唆するように，市民活動を支える制度をつくる必要性の認識とそれに向けての具体的な活動の準備は，阪神・淡路大震災が起こる前からすでにかなり進んでいたのである。

　シーズでは松原明が事務局長となり，NPO 法成立に向けたロビイング活動等を精力的に行ったが，発足までは東京ランポが事務局を担っていた。東京ランポの事務局長だった辻利夫は，1980 年 3 月に情報公開法を求める市民運動を結成し，情報公開制度の制定運動に取り組んでいた。その後，臨海副都心計画に対する市民案を検討する市民活動「臨海部市民アクション」の事務局と，市民活動を促進する法制度をつくる研究と立法活動を行う団体を，この活動の中心的存在だった生活クラブ生協・東京や生活者ネットワークが計画した際に，その事務局長に就任することになり，1992 年 10 月から新団体設立の準備に

入った。そして1993年の1月に生活クラブ生協・東京の本部の一室に「市民活動支援・東京ランポ」が立ち上げられた。土屋真美子がアリスセンター設立に際して，生活クラブ生協・神奈川に雇用され，出向の形でアリスセンターの事務局長となったのと同じように，辻はこのときに生活クラブ生協・東京に雇用される形で東京ランポの専従の事務局長となった[3]。正式の発足はその3カ月後の1993年の4月だった。

東京ランポという名称は，Local Action NPO の頭文字からつけられたもので，構想したのは生活クラブ生協・東京でさまざまな市民活動の団体との関係づくりを担当していた林和孝だった。林は国会議員の秘書をしていたこともあり，立法運動についての知識があったため，生活クラブにおいても市民運動の中でも立法に関わる役割を担っていたのである[4]。生活クラブ生協・東京が東京ランポのような組織をつくることにした背景のひとつには，1990年のアメリカ調査があった。林らはそこで社会的責任投資の団体やシンクタンク的な活動を行うNPOを知り，東京でもそうしたシンクタンクをつくろうということになったのである[5]。

立ち上がって間もなく東京ランポは，1993年の1月に情報公開に関する第1回目の研究会を開催しており，翌月2月15日の第2回目の研究には東京ランポが市民活動促進法の立法運動を手がけることを聞きつけた松原明が参加し[6]，4月には林和孝，辻利夫，松原明らが中心となって「市民活動を促進する制度研究会」が発足した。この研究会では1993年12月には「市民活動促進法試案」を作成していた[7]。林は同時期に『月刊 自治研』の「特集 日本再出発Ⅲ 市民の時代はくるか」に「市民活動推進法の展望」を寄稿した。この特集では須田春海が「『預ける』から『活かす』へ——“市民の時代”とは」，山岡義典が「市民公益活動に必要な法人制度とは」を寄稿している。この山岡義典がまとめ役となった市民公益活動基盤整備に関する調査研究委員会では，1994年の3月に『市民公益活動基盤整備に関する調査研究』（NIRA研究報告書）を公刊した。さらに自由人権協会でも，租税法で著名だった北野弘久を座長に，山岡や出口正之らとフィランソロピー税制の研究会を行っていた石村耕治らをメンバーとする「NGO税制の改善に関する研究会」が同じ1994年の2月に試案をまとめていた[8]。

東京ランポ（後にまちぽっと）の事務局長　辻利夫（2016 年 5 月，まちぽっと事務
所にて。筆者撮影）

　東京ランポ，NIRA 研究委員会，自由人権協会の研究会が，ほぼ同時期に市民活動を促進するための制度についての試案をまとめたことから，東京ランポが「市民活動促進法試案」を発表することを計画する中で山岡に声がけし，これらの団体の関係者でいっしょにシンポジウムを開催することになった。そして 1994 年 4 月に「市民活動を支える制度を考える」と題されたシンポジウムが行われた。シンポジウムは東京ランポが事務局を担ったが，企画段階でこのシンポジウムをきっかけにして運動を起こすことが目論まれていた。そしてシンポジウムでは参加者全員の決議として立法運動体をつくるとされ，東京ランポが引き続きその事務局を担うことになった。何度かの準備会を経て，1994年 11 月 5 日に「シーズ＝市民活動を支える制度をつくる会」が結成された。

NPO 法成立に向けた動き

　アリスセンターもまた，シーズの呼びかけに応じてその運動に関与した。国会に提出する市民団体の署名をまとめたり，神奈川県選出の国会議員に NPO法の必要性を説明しに衆参議員会館に出向いたりした[9]。

表3-1　初代の役員メンバー

【設立代表者】緒形 昭義		
【設立者】饗庭 伸・井上 亮子・内海 宏・川崎 あや		
川村 研治・上林 得郎・佐野 充・嶋田 昌子		
菅原 敏夫・鳴海 正泰・服部 孝子・早坂 毅		
平岩 千代子・安田 八十五・渡部 允		
【理事】内海 宏	都市プランナー	
川村 研治	環境パートナーシップオフィス	
饗庭 伸	早稲田大学建築学科助手	
平岩 千代子	電通総研副主任研究員	
菅原 敏夫	東京自治研究センター研究員	
川崎 あや	アリスセンター事務局長	
【監事】早坂 毅	税理士	

　このNPO法成立に向けての運動はシーズによるものだけではなく，さまざまな流れが輻輳し，また合流したりしていた。国会議員や政党，経団連，福祉関係の団体，芸術関係の団体，各地域の市民活動団体，大学の研究者グループなどが，時には対案をぶつけ合いながら大きなうねりを生みだしていた。1996年11月にはNPO法成立に向けた運動に大きな影響を及ぼした山岡義典や早瀬昇などを中心として，日本NPOセンターが設立された。また，1997年5月には市民運動全国センターの須田春海や行革国民会議の並河信乃を中心とする市民立法機構が設立されている。NPO法成立や日本NPOセンター設立をめぐる運動の流れの中で，そのアクターは時期によって入れ替わったり，それぞれの流れの中で重なってもいた[10]。

　アリスセンターの関係者の中にも，NPO法成立の運動や日本NPOセンター設立に深く関わる者がいた。また，これらの運動が各地の市民活動支援組織の設立を促すことにもなった[11]。こうしてアリスセンターは，全国的なNPOの盛り上がりの中で先駆的な存在として脚光をあびるようになっていった[12]。

2　NPO法人になったアリスセンター

　NPO法（特定非営利活動促進法）は1998年3月に成立し，同年の12月より

施行された。NPO 法を成立させる運動に参加していたアリスセンターも法の成立を受けてさっそく法人化の準備を進め，1999 年 5 月に「特定非営利活動法人まちづくり情報センターかながわ」の設立総会を開いた[13]。

運営委員会の見直し

NPO 法人化はアリスセンターにいくつかの変化をもたらした。まず，法人の要件としての定款や機関の整備が必要となったが，その作業はすでに設立10 年に及ぶ団体としてのあり方を振り返ったり，今後の体制を検討したりする機会となった。その結果，これまでの運営委員会の見直しが図られた。10年にわたってほとんど同じ顔ぶれだった運営委員会のメンバーをそのまま役員とするのではなく，この機会に大幅にメンバーを入れ替えることになったのである。さらに，特定のメンバーが居座ることを避け，メンバーの新陳代謝がなされるように理事の任期を 2 年とし，再任も 1 度だけに制限されることになった[14]。

しかし，いきなりこれまでの運営委員全員がいなくなってしまっては引き継ぎができないので，1 期だけアリスセンターの顔ともいうべき存在だった緒形が理事長に就任することになった。こうして緒形だけが従来からの運営委員から引き継ぎで残り，事務局長だった川崎，菅原敏夫，さらにそのときにはまだ28 歳だった饗庭伸などを加えた 7 人の理事と 1 名の監事で役員が構成された。

アリス研究所の解散

もうひとつの変化は，自治体などからの委託事業を受けるために立ち上げられた有限会社アリス研究所を解散させたことである。本体のアリスセンターが法人格を得るので，有限会社アリス研究所を置いておく必要がなくなったからである。アリスセンターの NPO 法人化と同時に有限会社アリス研究所を解散させなかったのは，まだ完了していない委託事業があったことや，借入が整理できていなかったからである。

一方，これらの法人化に伴う外形的な変化と同時に，アリスセンターを取り巻く状況の変化と，それらに連動したアリスセンター内部の変化も起こっていた。NPO 法ができたことで，各都道府県ではその認証事務が必要となった。

また，それにあわせて NPO 法人設立に関わる支援の事業が必要となった。NPO，ボランティア，市民活動などに関する紹介などの支援施策は，市町村においても活発になっていった。世間一般にも NPO を紹介する書籍の発行やメディアでの紹介などがなされ，NPO はブームのような様相を呈するようになっていた。

　NPO 法の成立に先立って設立された日本 NPO センターにも注目が集まったが，そのニューズレター『NPO のひろば』の創刊準備号の裏面 1 面を使ってアリスセンターが紹介された。さらに日本 NPO センターによる第 1 回目の全国フォーラムでアリスセンターは現地事務局を担った。こうしてアリスセンターは NPO や NPO のサポートセンターの先駆者として全国的に認知されるようになり，さまざまな問い合わせなどが入るようになった。アリスセンターとしても，これを追い風ととらえていた。この時期のことを川崎は次のように振り返っている[15]。

　NPO 法が制定され，NPO 法人の設立が可能になったのは一九九八年だが，その少し前から，まちづくり情報センターかながわには NPO や NPO 法についての問い合わせが数多く寄せられるようになった。NPO についての学習会も各地で開催されるようになり，まちづくり情報センターかながわへの講師の依頼も増えた。まちづくり情報センターかながわが発足後一〇年間かけて築いてきた県内のたくさんの市民活動団体との関係の中で，「NPO やNPO 法のことはまちづくり情報センターかながわに聞けばわかるだろう」と思われるようになった。まちづくり情報センターかながわも，NPO という言葉が普及するのに乗じて，今こそ，市民活動団体が市民権を得るチャンスとばかりに，NPO や NPO 法制定に向けての情報発信にさらに力を入れた。

　ところが，NPO や NPO 法についての問い合わせや相談が増えるにしたがって，NPO というものと，これまでアリスセンターが関わってきた団体とが，必ずしもイコールなものではないことに気づくようになる。この時期に川崎は次のように述べている[16]。

NPO○のひろば

Japan NPO Center

ニュースl
募集しま〼
現在の誌名
会員の皆さ〼
る、ニュース
思いのこも〜
います。3月

訪ねてみました
情報拠点

アリスセンター

日本列島全体が
寒波に襲われた1月のある日、
神奈川県庁にほど近い
アリスセンターを訪れました。
今回お話を伺ったのは、
事務局長の川崎あやさんです。

まちづくり情報センター・かながわ
通称：アリスセンター
TEL045-212-5835　FAX045-212-5826

ンター設立以来、周囲にモデルとなる組織が存在しない状況の下で、まさに試行錯誤の連続でした。そうしたなか、行政からの委託調査を受けるにあたり、任意団体では契約主体になることができず、また受託調査部門をアリス研究所とし、有限会社として法人化することもあって、1994年にスタッフの福利厚生を考慮することもあって、1994年に受託調査部門をアリス研究所とし、有限会社として法人化するに至りました。

現在、事務局には、フルタイムスタッフ5名、パートタイムスタッフ5名、そしてプロジェクトごとにボランティアやアルバイトとしての協力者がいます。

の発行は、現在5号を重ね、会員他に対して200部発行しており、各ページに担当者を設け、パソコン通信上で編集会議を重ね、発行に至るという手順を取っています。当初できない点に論議が集中していましたが、いまでは技術的にクリアできない点に論議が集中していましたが、いまでは内容に対する厳しい注文が出るようになり、ときには書き直しとなる原稿も出てくるようになりました。

さて行政の情報は、市民には伝わりにくいものです。決定事項は伝わりにくいけれども、それ以前の経緯は公開されず、その活動内容を知り、「個々の市民団体が抱えている課題は、別のところにもあるように感じています。そこで、アリスセンターとしては、市民団体のリストを集めるだけでなく、今後は、どのように独自の財源確保の方策を考えていくかも

今後の活動予定は？

NPOが行なう運動に対し、いまだに行政の壁は厚く、また市民団体の活動分野は、年々拡がりを見せており、いまだに混沌としている状態にあります。そのなかで「NPO」という問いであり、行政がとらえているNPOとどう付き合っていくか」ということは、行政側から出てきたうことは、行政から出てきたセミナーやパンフレットの形で落としていきたいと考えています。これについては、6月のアリスセンター総会に向け、検討中のです。

また現在、アリスセンターは、事実上、アリス研究所の収益に財源を頼っています。今後は、どのように独自の財源確保の方策を考えていくかも

いままでの10年間、地域での活動や行政とのやりとりなどを通して、アリスセンターがしてきたこと、蓄積したことをまとめる時期にきています。すべての人にとってのマニュアルにはならないけれども、何かの参考にしてもらえれば、と思います。これらについての問題（財源確保やマネージメント）と現在の市民団体が抱えている課題は、

日本NPOセンターのニュースレター『NPOのひろば』の創刊準備号
（6ページ抜粋。A3サイズの裏面の全面を使って紹介された）

　95 年以降，市民活動・NPO への参加者層は明らかに変化してきました。アリスセンターの活動の中で私が出会う人たちも，それまでのように市民活動を行っている一部の人たちから，より広範な人たちへと移ってきました。

　（中略）

　私が，アリスセンターでの日常の相談対応や，NPO 関連のフォーラムなどで出会う人たちも，様変わりしてきました。それまで出会う人たちは，何らかの自己主張をもった人がほとんどでした。それは地域の課題への問題意識だったり，福祉や教育などそれぞれが活動する領域におけるビジョンだったりしました。しかし，ここ数年，そうした自己主張をもった人たちとは若干違う層との出会いが多くなりました。例えば，「福祉の分野で何かしたい」「環境の分野で NPO を立ち上げたい」といった思いはあるものの，具体的に何をするかについては，その機会や動機づけを誰かあたえてほしいと考える人たち，「こういうサービスがあったらいいだろう」と活動を立ち上げたがなかなか利用者が集まらないので，活動の社会的認知や利用者開拓に力を貸してほしいという人たち。「採算性がとれる NPO の事業は何だろう」と模索する人たち。

　「非営利」で「公益的」な活動に従事したいという欲求が先行し，問題意識や社会ビジョンという自己主張は希薄なままに，活動を始めたり，NPO を立ち上げたりする人たちが増えてきたのです。

　アリスセンターが自分たちの活動目的の柱のひとつとしてきた市民活動・市民事業のサポートの対象が，いつの間にか市民運動や市民活動から「NPO」へと拡大あるいは移行していたのである。アリスセンターがサポートしようとしていた市民活動・市民事業と，「NPO」法が成立してにわかに増えた NPO は，必ずしも同じものではなかったのである。

3　行政の NPO サポート事業の広がり

　1990 年代中盤頃から，アリスセンターは NPO のサポートセンターの先駆者

NPO の経営についてのテキスト・シリーズ
（『NPO の会計』『NPO の労務』『NPO の税務』
などが作成された）

と位置づけられ，実際に市民活動やその団体への支援活動の実績も重ねられていた。具体的には，情報紙発行，ネットでのニュース発信，フォーラムやシンポジウムの開催，神奈川県の市民団体のダイレクトリー作成，市民活動の事務局業務，活動や団体への相談対応，調査研究，講座・研修，NPO 運営のテキスト作成などである（巻末の資料2「アリスセンターの事業」参照）。

　ところが，NPO 法が成立したことで，行政による NPO 関係の制度や施策が拡大していった。それは NPO 法人の認証事務やそれに伴う支援といった必然的なものから，市民活動に対するより全般的な支援や行政との協働の推進へと広がり，市民活動支援の条例も普及していった。さらに，そのための施設として市民活動支援センターが設置されるようになった。そうした行政が設置する市民活動支援センターは，一方で行財政改革の流れの中で行政施設の統廃合が進められ，遊休施設が生じるようになったために，その有効活用の方法としても注目された。また，社会のガバナンスに関する考え方としても，行政主導ではなく市民の参加が必要であると叫ばれるようになり，行政の遊休施設を活用した市民活動支援センターを地域の市民活動団体などに管理運営を任せることが，市民参加や公民連携のひとつの方法であると考えられるようになった。こうした背景から，宮城県仙台市の市民活動センターなどを先行事例として，公設民営型の市民活動支援センターの設置が全国的に普及することになった[17]。

　アリスセンターの地元の神奈川県では，行政による市民活動支援のさらに積極的な展開が見られた。阪神・淡路大震災のすぐ後に知事が交代したが，神奈

vol.36
2002.7

かながわ県民活動
サポートセンター
横浜市神奈川区鶴屋町2-24-2
かながわ県民センター内
TEL：045-312-1121(代)
FAX：045-312-4810
http://www.kvsc.pref.kanagawa.jp/

かながわ県民活動サポートセンター通信

特　集

県内の市民活動サポートセンター

かながわ県民活動サポートセンターがオープンして6年、
この4月にオープンしたちがさき市民活動サポートセンターで
県内に8つとなりました。

◆CONTENTS◆

かながわ県民活動サポートセンターとは

1996年4月20日に横浜駅から徒歩5分のところに開
設された、市民活動やボランティア活動の支援施設。年
中無休、朝9時から夜10時までオープン。自由で快
適、そして何より「市民が主役」の施設です。

かながわ県民活動サポートセンター通信「Junction（ジャンクション）」
（神奈川県下の市民活動の情報などが掲載された）

川県ではその新しい知事は元大蔵官僚であったことや，環境庁事務次官を終え
た後に環境関係の NGO を設立したり，運営したりしていたこともあり，ボラ
ンティアや市民活動支援に積極的に取り組み，施策も非常に速く実施された。
とりわけ，その知事が就任してすぐに検討が始まったボランティア支援セン
ターは，ちょうど 1 年後の 1996 年 4 月にかながわ県民活動サポートセンター
として実現し，立地のよさや設備の充実度もあり，年間約 40 万人もの人びと
が利用する施設となった。さらにこのかながわ県民活動サポートセンターでは，
会議室や作業スペースなどの施設・設備にとどまらず，市民活動に関する相談
コーナーを置き，情報紙を発行し，そして市民活動への助成金制度も担当する
ようになった[18]。

　こうした行政の動きに対して，土屋はアリスセンターが NPO 法人となるた
めの準備を進めていた頃に，次のように述べている[19]。

　　ところが，ここにきて，アリスセンター自身が方向転換をせざるを得ない
　状況が生まれている。というのも，行政の成果物がアリスセンターのものと
　非常に似通ってきたのである。困ったことに行政に市民活動に関心があり話
　のわかるスタッフがいるほど，提供するサービスは似たものになってくる。
　同じような市民活動団体のサポートをしている限り，アリスセンターと行政
　が競争して勝てるわけはない。これまでのアリスセンターの三つの機能およ
　び活動内容を大幅に見直す時期に来ている。

　とりわけ，このかながわ県民活動サポートセンターが担当した市民活動への
助成金であるかながわボランタリー活動推進基金 21（以下，基金 21）に関して
は，緒形の後を継いで 2 代目の理事長となった饗庭を中心に，他の市民活動団
体と共同し，その運営方法等について神奈川県側と激しいやりとりをすること
になった。後の章で詳述するように，基金 21 をめぐる県に対するアリスセン
ターの諸活動は，アドボカシーの重要性を意識しての活動であったが，一方で
はそれはアリスセンターの今後の方向性を模索する活動でもあった。
　基金 21 をめぐるアドボカシー活動は一定の成果をもたらしたが，行政によ
る NPO 法人や市民活動へのサポート事業はその後も全国的に広がり，さらに

そうした行政と協調的な中間支援組織が続々と誕生することになった。

注 ─────────

1　橋本徹ら財政学者による財政問題研究会や，団体法研究者の森泉章らが 1970 年代から公益法人制度の問題点を指摘していた。橋本・古田・本間編（1986），森泉（1977）を参照のこと。

2　シーズの設立の経緯については，NPO 法人まちぽっとによるネット公開アーカイブス『NPO 法（特定非営利活動促進法）制定 10 年の記録』の「Ⅲ－2-6. 林和孝氏＆辻利夫インタビュー」に詳しい。https://npolaw-archive.jp/?page_id=358，2024 年 7 月 24 日確認。

3　辻利夫は，「アリスセンターには東京ランポをつくるときに，ずいぶんいろいろと教えてもらいましたよ」と述べている。辻利夫インタビュー，2016 年 5 月 14 日，於：認定 NPO 法人まちぽっと事務所。また，土屋はその後，東京ランポを前身とする「まちぽっと」の理事となっている。

4　松原明インタビュー，2008 年 1 月 23 日，於：シーズ事務所。

5　前掲『NPO 法（特定非営利活動促進法）制定 10 年の記録』の「Ⅲ－2-6. 林和孝氏＆辻利夫インタビュー」の林和孝の発言。

6　辻インタビュー，前掲。

7　辻インタビュー，前掲。および前掲『NPO 法（特定非営利活動促進法）制定 10 年の記録』「Ⅰ－3. 制定に関わる動き（年表）」。

8　公式には，1994 年 4 月に「公益寄付税制の改善に関する提言骨子」として発表された。

9　川崎（2020），32 ページ。

10　NPO 法成立をめぐるプロセスについてはすでにいくつかの詳細な研究がある。初谷（2001），小島（2003），原田（2020）等。また，「認定 NPO 法人まちぽっと」を事務局として NPO 法が制定される前後 1992 年から 2001 年の 10 年間に行われた議論等の記録を整理し，日本の歴史資料として国立公文書館へ寄贈するプロジェクトが進められ，その資料の目録，関係者へのインタビューや座談会，関連企画の記録等がアーカイブ化され，特設のホームページで公開されている。「NPO 法（特定非営利活動促進法）制度制定の記録」http://npolaw-archive.jp/，2021 年 2 月 26 日確認。

11　山岡インタビュー，2020 年 8 月 6 日，オンライン。

12　川崎はアリスセンターの 10 年を振り返って，「アリスセンターがこの 10 年で一定の認知を得ることが可能となったのは，NPO ブームとも言える追い風に乗ったことも大きい」と述べている。川崎（1999）48 ページ。

13　法人設立登記は 1999 年 10 月 1 日。

14　菅原インタビュー，2019 年 6 月 17 日，於：かながわ県民活動サポートセンター。

15　川崎（2020）49–50 ページ。

16　川崎（2002）37 ページ。

17　仙台市市民活動サポートセンターの設置については，吉田（2016）を参照のこと。

18 「かながわ県民活動サポートセンター」の設置とアリスセンターとの関係については，吉田（2020）を参照のこと。
19 土屋（1999）87-88 ページ。

第4章

中間支援組織としてのアリスセンター

1 サポートセンターの増加と類型

　NPO法ができたことでNPOへの世間の認知が高まり，行政においても市民活動やNPOに対する考え方や対応が変わっていった。行政に対して激しく抗議したり，要求を突きつけるような住民運動が活発だった頃とは違って，「市民」は自分たちで自分たちの地域や社会の課題解決のために活動をしようとする人びとであり，行政にとってもパートナーともいうべき存在になっていた。また，行政の財政状況の悪化や「小さな政府」への志向もあり，民間の活力を導入したり，民間と協働することが行政として望ましい方向性であるという認識も生まれていた。

　このような動向は，アリスセンターにとっては追い風であった。自分たちの存在がより広く認められ，活躍の場と機会が広がり，さらに行政からの委託事業も増えていったからである。ところが，こうした追い風に乗ってアリスセンターがNPOやNPO支援組織の先駆者として全国的に注目され，スタッフもさまざまな所からセミナーやシンポジウムへの登壇を依頼され多忙となっていく一方で，その足元の状況は変化しはじめていた。

　神奈川県あるいは横浜市は，もともと進取の気性に富んだ土地柄であるといわれるが，行政の施策においても，1975年から95年まで20年にわたって知事を務めた長洲一二の革新県政，あるいはその前の飛鳥田一雄の横浜市政の下

かながわ県民活動サポートセンター（2005 年 9 月，筆者撮影）

で，国政にも先立つような施策が意識的に推進されてきた。そうした革新自治
体の体質は，神奈川県では知事が長洲から元大蔵官僚の岡崎洋に交代すること
で変わっていくが，岡崎の就任がちょうど阪神・淡路大震災が発生した 1995
年であったことや，岡崎が環境庁事務次官で官僚としてのキャリアを終え，そ
の後は自ら環境関係の NGO を立ち上げていたことなどから，市民活動への支
援については積極的な取り組みがなされた。また岡崎は，長洲や飛鳥田のよう
にブレーンや補佐官を置いて政策を進めるのではなく，キャリア官僚としての
知識や技能を活かしながらトップダウン的に政策を推進し，その展開も速かっ
た。このような背景から，岡崎は就任早々にボランティア・センター設置の構
想を示し，それからわずか 1 年で日本の市民活動センターでは最大規模となる，
かながわ県民活動サポートセンターをオープンさせたのである。

　1996 年 4 月にオープンしたかながわ県民活動サポートセンターは，県民
（市民）の多様な活動を支援する施設として設置されたが，単なるハードとし
ての施設・設備としてだけにとどまらず，徐々にソフトとしての支援のメ

ニューも広げていった。

　一方，この神奈川県のセンターがスタートした 1996 年には，コミュニ
ティ・サポートセンター神戸（10 月），大阪 NPO センター（11 月），日本 NPO
センター（11 月）も設立された。また，その翌年の 1997 年には，ひろしま
NPO センター（9 月），せんだい・みやぎ NPO センター（11 月）などが設立さ
れ，以後ぞくぞくと各地で NPO のサポートセンターが設立されていった。こ
れらのサポートセンターの全国への普及と同時に，自治体による市民活動支援
施設の設置も普及していった。そしてそれらの施設もまたサポートセンターと
呼ばれた。

　この「サポートセンター」という言葉は，文字どおり NPO や市民活動を支
援するセンターという意味であったが，その類型として公設公営，民設民営，
公設民営という設置主体と管理・運営主体との組み合わせで 3 つに分類される
ことが多かった。しかし，そこでは「センター」という言葉が施設を指す概念
なのか，組織を指す概念なのかが曖昧で，混乱も生じていた[1]。さらにその混
乱は，「サポートセンター」という言葉が「中間支援組織」という言葉に置き
換えられることによってさらに複雑になっていた。いずれにしても，公設公営，
民設民営，公設民営に分類されるような NPO を支援する施設や組織が，「中
間支援組織」という言葉で漠然とラベリングされるようになり，それが定着し
ていったのである。

2　日本における NPO 支援組織

　市民による多様な自発的活動の受け皿となる NPO のための新たな法人制度
が準備されるのと連動して，そうした団体が新しい法人格を取得するのを支援
したり，団体運営の支援をしたり，団体間のつながりを促したりする，いわば
NPO を支援する NPO が各地で生まれた。

　もちろん，NPO 法成立をめぐる運動が起こる以前から市民活動の支援組織
は見られた。たとえばボランティアの分野では，すでに 1960 年代から支援組
織として大阪ボランティア協会や日本青年奉仕協会（JYVA）が設立されてお
り[2]，ボランティア支援，ボランティア・コーディネーション，啓発活動など

が行われていたし，NGO の分野でも 1960 年代から支援団体が設立されはじめ，1987 年には NGO 活動推進センター（国際協力 NGO センター：JANIC の前身）が設立された。市民運動の分野では，1980 年に須田春海を世話人とする全国市民運動センターが，市民運動全国センター準備会としてスタートしている。その他にも女性の活動，環境保護，人権擁護活動など，それぞれの分野ごとに団体を支援する組織がつくられていた。しかし，それらはあくまでそれぞれの分野の中での支援組織であり，分野を超えた多様な市民活動全般を支援する組織が各地で生まれるのは 1995 年の阪神・淡路大震災後のことだった。

NPO 法の成立をめざした市民活動団体や政党・政治家などによる活動と同時進行で，その法人制度を趣旨どおりに活かすことを目的に，「地域を超え，分野を超え，セクターを超えて」をスローガンとする日本 NPO センターが，NPO 法が成立する約 1 年半前の 1996 年 11 月 22 日に設立された[3]。また，その前日の 11 月 21 日には元大阪青年会議所理事長の金井宏美や弁護士の三木秀夫らを中心に大阪 NPO センターが設立された。1993 年に山岸秀雄を中心に設立された NPO 推進フォーラムも，96 年に NPO サポートセンターと改称している。それら以外にも，全国的ないわゆるナショナル・センターといわれるものとしては，高齢者や福祉関係の団体も巻き込んだ NPO 事業サポートセンターが田中尚樹を中心に 1999 年 6 月に設立されている（2012 年よりユニバーサル志縁社会創造センター，17 年よりユニバーサル志縁センター）。また，民間営利部門ではなく，行政部門でもない，民間非営利部門全域の経営者のネットワークづくりをめざした日本サードセクター経営者協会が 2009 年 9 月に設立されている。

これらの全国規模の NPO の支援組織は，アメリカやイギリスの組織を視察したりしながらそのあり方が模索され，設立された。日本 NPO センターはアメリカのインデペンデント・セクター（Independent Sector）を，NPO サポートセンターはアメリカの NPO サポートセンター（Support Center for Nonprofit Management）を，NPO 事業サポートセンターもやはりアメリカの AARP（American Association of Retired Persons, 現名称 AARP）等をモデルに，または参考にして設立されている。また，日本サードセクター経営者協会（JACEVO）は，イギリスのアキーヴォ（ACEVO；Association of Chief Executives of Voluntary

Organisations) をモデルとして設立されている。

　一方，地域ごとの支援組織としては，阪神・淡路大震災の年に立ち上げられた市民活動地域支援システム研究会に集ったメンバーを中心に，神戸（コミュニティ・サポートセンター神戸，1996 年 10 月設立。市民活動センター神戸，99 年10 月設立），広島（ひろしま NPO センター，97 年 9 月設立），仙台（せんだい・みやぎ NPO センター，97 年 11 月設立）などで支援組織が設立された。その後，それらの組織を追いかけるように，各地で続々と支援組織が設立されていった。

　市民活動地域支援システム研究会は，NPO 法成立や日本 NPO センター設立に向けての運動の基盤のひとつとなった総合研究開発機構（NIRA）の「市民公益活動基盤整備に関する調査研究」を企画した木原勝彬と佐野章二が，次のステップとして企画した研究会だった。この研究会は，法人制度についての研究会であった NIRA の「市民公益活動の促進に関する法と制度のあり方」（市民公益活動基盤整備に関する調査研究第 2 期）と同時進行していたが，両者ともその途中で阪神・淡路大震災が発生したために中断となり，その関係者たちは今後の市民社会の基盤整備の構想を練る段階から，一気に実際の法制，制度，組織づくり等の実践活動に向かうことになった。

　いずれにしても，「NPO 法人」ではないものの，市民活動を支える基盤の整備の必要性は阪神・淡路大震災が発生するよりも前から叫ばれており，NPO や NPO 支援組織の設立もすでに動きはじめていたのである。そしてその動きは，1995 年の震災をきっかけに急加速したのである。

3　CDC とインターミディアリー

　地域型 NPO 支援組織は，その後「中間支援組織」と呼ばれるようになっていく。これはアメリカのコミュニティ開発法人（CDC：community development corporation）が日本に紹介される中で，それらの団体に資金仲介する民間機関が「intermediaries」あるいは「intermediary organizations」と総称されていたのを，NPO を支援する民間団体とおおざっぱに解釈され，さらにそれが日本語化されて「中間支援組織」と呼ばれるようになったと思われる。

　アメリカの CDC やインターミディアリーについては，住宅政策や都市計画

の研究者である神戸大学の平山洋介によって1991年頃からコミュニティ・ベースト・ハウジングの研究の中で紹介されていた。平山は，当時のアメリカにおける多様なコミュニティ・ベースト・ハウジングの基本的な性格として，それが非政府・非市場の独立した，いわゆるサード・アームであると指摘している[4]。1980年代の欧米では，79年にイギリスで政権についた保守党のサッチャー，81年にアメリカで政権についた共和党のレーガンなどが推進したニュー・リベラリズムに基づく行財政改革によって，とくにアメリカでは中央政府の住宅政策からの急激な撤退が起こり，住宅問題に大きな課題を抱えることになった[5]。このような状況の中からコミュニティを中心とした民間非営利主導の住宅供給の動きが活発化した。そうしたコミュニティ・ベースト・ハウジングの代表的な主体がCDCだった。CDCについて平山は次のように説明している[6]。

　　その供給主体は，非営利セクターに含まれるコミュニティ・ベーストの多様な組織である。なかでもCDC（Community-based Development Corporation）と呼ばれる組織は中心的位置を占めている。CDCは民間の独立した非営利法人で，低所得層の特定のコミュニティに基礎を置き，住宅供給を中心とする多角的な活動に取り組んできた。これに加えて，各種のコミュニティ組織，借家人グループ，コープ住宅組合などが存在し，全体として住宅供給の新しい方法を発展させている。

　また平山は，こうしたCDCが台頭する背景として，第1に，1960年代のインナーエリアの都市再開発の中で展開された，活動家のアリンスキーに代表されるようなアドボカシーやコミュニティ・オーガナイジングなどの運動があったこと[7]，第2に，もともと貧困者問題に対してコミュニティの中での活動の歴史を持つ教会や慈善団体がCDCの母体になっていること，そして第3に，CDCも元は連邦政府のコミュニティ・アクションやモデル・シティなどのプログラムによって生まれたものであったものの，さまざまな参加やボトムアップの実践の経験が加わったことで，連邦政府のプログラムが終了した後にもその活動が継続され，そして政府から独立した動きとなったことなどをあげてい

図4-1　インターミディアリーの役割

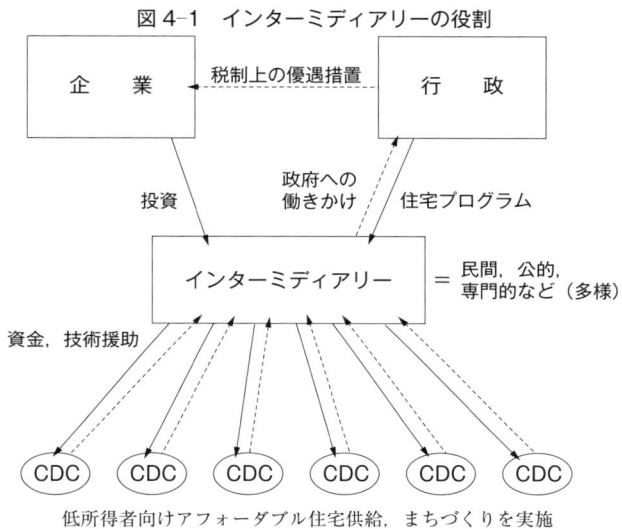

低所得者向けアフォーダブル住宅供給，まちづくりを実施
（出所）　ハウジングアンドコミュニティ財団編（1997）42 ページ。

る[8]。

　この平山とほぼ同じ時期に，アメリカで非営利組織や CDC に出会っていた
のが林泰義であった。林は東京大学工学部建築学科を卒業し，さらに同大学大
学院数物系研究科博士課程を修了，その後 1969 年に計画技術研究所を設立し，
その所長として都市計画のコンサルティングを行っていたが，1988 年にアメ
リカを旅行する中で非営利組織や CDC に出会った。そのときにはそれが何で
あるか十分に理解できなかったが，帰国後にそれを明らかにするために，当時，
上野真城子がいたアメリカのシンクタンク，アーバン・インスティテュートに
調査を委託した。さらに，アーバン・インスティテュートの調査レポートや平
山の研究を踏まえて，1992 年から 95 年まで 4 年をかけてアメリカとヨーロッ
パ 5 カ国を調査した。この調査は，ちょうどその頃（1992 年）に設立されたハ
ウジングアンドコミュニティ財団の自主研究として行われた。そのアメリカと
ヨーロッパ 5 カ国を調査したレポートは，1997 年に『NPO 教書──創発する
市民のビジネス革命』として公刊された[9]。

　その『NPO 教書』では，「CDC を支えるインターミディアリー」[10] の役割を

図 4-1 のように示し，さらにインターミディアリーの活動として次の諸点をあげている[11]。

(1) CDC の住宅供給やまちづくりに対する直接的な資金支援

(2) CDC が資金を調達できるよう，資金をパッケージ化するなど，民間セクターとの文字通り「仲介」役を果たす

(3) 行政の政策や補助金に関する情報の提供

(4) CDC の経営などの技術支援

(5) CDC の運営のためのトレーニング

(6) 組織間のネットワーク化

(7) アドボカシー，すなわち CDC の活動を広げ，支えるための合衆国議会，自治体などへの働きかけ

　この林らの調査レポートでは，基本的には「インターミディアリー」とカタカナ表記されているが，「仲介組織」，「中間組織」と表記されている箇所も見られる。CDC に関わるインターミディアリーは，CDC に対して主に行政や企業などの資金を仲介することをメインの活動としているが，それに付随する諸活動も行っていたために，林らのレポートでは上記のような諸活動が紹介された。そのためインターミディアリーという組織が，NPO に対して支援全般を行うものとして理解されてしまい，さらに「中間支援組織」というように日本語化されたのである。

4 「中間支援組織」という言葉

「中間支援組織」という用語の普及

　平山や林らのこうした現地調査も踏まえた CDC やインターミディアリーに関する詳細な研究があったにもかかわらず，その後インターミディアリーは，「中間支援組織」というより漠然とした，日本の「NPO」に対して全般的に支援活動を行う組織として普及していったのである。そして，さらにこの「中間支援組織」という用語は，地域型 NPO 支援組織に限らず，全国型の NPO 支援組織[12]や，その他のさまざまな分野での支援組織に対しても用いられるようになっている。

　しかし，実態としての日本の中間支援組織は，資金仲介を行うものはほとんどなく，少なくとも CDC を対象に行政や企業などの資金を仲介することをメインの活動とする「intermediaries」とは活動内容は異なっていた。それはむしろ欧米で「local infrastructure organization」あるいは「management support organization」と呼ばれるものに近い[13]。サンフランシスコに在住しながら，当地の NPO や NPO インフラともいうべき支援体制をレポートしていた岡部一明も，インターミディアリーと中間支援組織について以下のように指摘している[14]。

　　「インターメディアリー」とは，原義的には諸活動を連携する「仲介組織」のことである。特に金融の分野で，直接の投資者と借り手の間に入って資金の有効な運用を保障する仲介業者・機関のことを意味していた。そこから派生して，例えば NPO セクターで財団と個別被助成 NPO の間に入って様々に再分配，支援連係の作業を行なう機関（多くの場合それ自体 NPO）がインターメディアリーと呼ばれ，さらに，そうした（直接サービスにたずさわらない）中間的支援組織を広くインターメディアリーの中に含めるようになったと思われる。

　ただ，実際のところ，これまでの日本の「中間支援組織」は，NPO が資源獲得に苦労していることを認識していても，そのニーズに応えるための具体的な方法や自らの資源がなく[15]，やむをえずそれ以外の支援活動を中心としていた。しかし，2009 年にきょうと NPO センターを母体に設立された京都地域創造基金（公益財団法人）を皮切りに，各地域で中間支援組織が母体となったり，参加して設立されるいわゆる「市民ファンド」が普及しはじめている。
　京都地域創造基金は，いわゆる公益法人制度改革後，京都府における公益認定の第 1 号となった財団で，あえて大口の出捐は受け入れず，幅広い市民からの出捐によって設立されている。受け入れた市民からの寄付を，地域で活動する団体の支援に分配するのを主な活動とする。寄付者が地域の NPO などに直接に寄付をしても，寄付者には税制上のメリットはないが，公益社団法人や公益財団法人に寄付した場合には，寄付金控除が受けられる。これを利用して，

なかなか資金が集まらない地域の NPO などに資金を回す道を拓いたのである。

こうした「市民ファンド」は，地域の市民活動団体への資金支援を，市民によって行うための資金仲介機関であり，CDC に関わる「intermediaries」に近いものといえるだろう。また，資金仲介組織の全国版としては，日本 NPO センターを母体とする市民社会創造ファンドが 2002 年 4 月に設立されている[16]。

地域型 NPO 支援組織のあり方

地域型 NPO 支援組織の中には，行政によって設置された市民活動支援施設の管理運営を担っているものが多い。こうした，いわゆる公設民営の市民活動センターの管理運営の仕事は，地域型 NPO 支援組織にとって財政を支える重要な事業となっている。それは，NPO 支援組織は現場で活動する NPO の後方支援を行う黒子のような存在であるために，その活動ぶりは外からは見えにくく，寄付や助成を受けにくいという事情があること，そして市民活動センターの管理運営という仕事は，NPO 支援組織のミッションに沿うものだからである。

さらに，行政側にとっては，市民活動支援に関連する知識や情報が蓄積されていなかったこと，公の施設の管理について指定管理者制度が導入されたこと，行政のコスト削減の手段として利用できたこと，市民参加や官民連携の具体的方法として評価されたこと，少子高齢化や人口減の影響で行政の遊休施設が増える傾向が見られる中，それらの有効活用の方法となったことなどから，公設民営の市民活動センターは急速に全国各地に普及したのである。

しかし，そのことが NPO としての地域型 NPO 支援組織の本来の姿を歪めてしまうのではないかという懸念の声もある。たとえば，スタッフの人材の数も限られている地域型 NPO 支援組織がセンターの管理運営業務を受けると，利用者への対応のみならず施設管理などの仕事もこなさなければならず，それに手一杯となってしまい，本来の事業活動ができなくなってしまう恐れがある。あるいは行政の施設であるために，その仕様や評価項目はどうしても行政側の視点に基づくため，その支援組織の民間ならではの特性が発揮されない恐れもある。場合によっては，行政の方針や施策について批判し，軌道修正を求めることも市民活動であることを考えれば，行政の枠組みの中での市民活動支援に

は一定の限界があることは否めないだろう。NPO や市民活動を支援するには，行政との間を仲介したり，行政に対してそれらの民間の考え方や主張を代弁するような役割が期待されるが，行政が設置し，仕様を定め，その管理運営を委ねる団体を選ぶという枠組みの中で，そうした役割を器用にこなすことは容易ではない。アリスセンターはこうした難しさに対して自覚的であったからこそ[17]，行政の設置した支援センターの管理運営の事業には慎重で，最後までその事業には手を出さなかったのである。

アメリカでのとらえ方と日本における課題

　先に見たように，日本における「中間支援組織」という言葉は，アメリカのCDC への資金仲介組織である「intermediaries」を参照したものだったが，欧米では「intermediaries」は CDC に関わるものだけに限らず，より広範な領域と意味に用いられるようになっている。むしろ，さまざまな場面で諸組織の協働やネットワークが重視される中で，それらの間を仲介する役割を担う組織も注目され，それらの組織を「intermediaries」と呼ぶことが多くなっている。

　たとえば，Kivimaa *et al.* (2019) は，そのトピック範囲をサステナビリティ・トランジション（持続可能性移行）に絞りながらも，「intermediaries」に関わる文献のシステマチック・レビューを行い，その多様な役割を整理している。まず主要なジャーナルから「intermediaries」を中心にしている文献を151 件抽出し，それらからさらに内容的な選別を行ったり文献を追加したりして，最終的に53 件に絞ってそれらをレビューし，その結果次のような5 つの類型を示している[18]。

(1)　システム的インターミディアリー

　　あらゆるレベル（ニッチ，レジーム，ランドスケープ）で活動し，明確な移行アジェンダを推進し，システム全体のレベルで変化をめざす先導的な役割を担う。

(2)　レジームに基づく移行インターミディアリー

　　たとえば，制度的な取り決めや利害関係を通じて，現行の社会技術レジームと結びついているが，移行を促進するという特定の任務や目標を持っており，したがって，さまざまなニッチやシステム全体と（しばし

ば）相互作用している。

（3）　ニッチ・インターミディアリー

　　一般に，ニッチなレベルでの活動の利益のために，一般的な社会技術システムを実験し，進歩させるために働く。

（4）　プロセス・インターミディアリー

　　より広範なニッチ（あるいは技術革新システム）レベルではなく，変革プロセスやニッチ・プロジェクトを促進する。多くの場合，明確な個人の意思や課題はないが，他のアクターが設定した文脈固有（プロジェクト・ベースあるいは空間的位置），あるいは外部（ニッチ，体制）の優先事項を支援する。

（5）　ユーザー・インターミディアリー

　　ニッチな新技術をユーザーに，ユーザーの好みを開発者や体制側の関係者に伝え，提供される技術の価値を見極める。

　この類型はあくまでもサステナビリティ・トランジションの分野に関する文献に絞ったものであるが，イノベーションの発生を促したり，イノベーションなどの発生によって制度が移行していく際に，インターミディアリーがさまざまな形で重要な役割を担うことを示している。また，「インターミディアリー」という用語が明示的に用いられていない場合にも，「ミドル・アクター」（Parag and Janda, 2014），「ハイブリッド・アクター」（Elzen *et al.*, 2012），「境界連結者」（Franks, 2010；Smink *et al.*, 2015；Tisenkopfs *et al.*, 2015），「ユーザー・アセンブラージュ」（Nielsen, 2016），「インタラクション・アリーナ」（Hyysalo and Usenyuk, 2015；Hyysalo *et al.*, 2013）といった用語で同様のアクターまたは機能が論じられているという。

　このように，欧米において，さまざまな分野で多様な法人格，多様な役割タイプの組織を「インターミディアリー」と呼ぶ傾向が見られることに鑑みると，日本においてもあらためて「インターミディアリー」という用語が導入されるか，もしくは「中間支援組織」という用語がそれにあたるものとして，さまざまな分野や場面で汎用的に用いられることが予測される。実際，これまでは「中間支援組織」という言葉は，日本においてはNPOや市民活動団体を対象に支援を行う組織を指すものとして普及してきたが，「災害中間支援組織」と

いう言葉が内閣府で用いられたり[19]，日本スポーツ協会が総合型地域スポーツクラブ全国協議会を総合型地域スポーツクラブの登録・認証を担う中間支援組織として位置づけたり[20]，ソーシャル・インパクト・ボンド（SIB）においてスキームの組成・契約を担う機関を中間支援組織と呼んでいたり[21]，とさまざまな分野に普及しはじめている。

　しかし，そこで問題なのは，そうした「インターミディアリー」なり「中間支援組織」という用語がより広い領域と意味をもって普及することによって，その中に市民活動を支援することをミッションとする組織が埋没し，その本来の意図や意義が希薄化してしまう恐れがあることである。汎用的な「中間支援組織」として，そこで標準的とされる事業をやることしか意識しない市民活動支援組織が増え，さらにそれらの組織が市民活動の意義についてより自覚的な組織を駆逐してしまう恐れもある。

5　「中間支援組織の服を着る」

　アリスセンターでは，NPO のブームによる追い風を感じつつも，自分たちがその「中間支援組織」のモデルと目されることに戸惑い，そしてその「中間支援組織」なるものの動向には早くから批判的な目を向けていた。

　アリスセンターがそのスタート時からの事業の柱のひとつとしてきた『らびっと通信』は，NPO 法人化した翌年の 2000 年に廃刊となり，それに代わってネットでのメールマガジン「らびっとにゅうず」と，紙媒体の季刊誌『たあとる通信』が発行されるようになった。その『たあとる通信』第 1 号では，「サポートセンターを考える」が特集記事となった[22]。

　その特集記事で土屋は，サポートセンターを公設公営，民設民営，公設民営の 3 つではなく，公設民営をさらに公設外郭団体運営（型）と公設 NPO 運営（型）とに分けて，それぞれのタイプについて実際のサポートセンターを例にあげながら批評している。そして公設民営でも公設外郭団体運営は公設公営と類似したものとし，それらが NPO の足をひっぱってはいけないと主張している。つまり，社会的に意義があることでも，それを NPO が手がけているなら，行政はその NPO の支援にまわるべきであり，行政が行ってしまっては民業圧

『らびっと通信』最終号（2000 年 12 月）

迫になってしまうという指摘である。これは NPO 支援という事業についての行政と NPO との関係のあり方を示唆するものであると同時に，神奈川県や横浜市とアリスセンターとの関係についての意見表明もあった。

そして公設 NPO 運営（型）については，「管理委託」を避けることと，その事業を受託し続けないことが重要であるという指摘もしている。これは公設の施設で行われる支援メニューなどの運営であればまだしも，NPO にとって本来は専門ではない施設の管理にしばられてしまったり，NPO としての自由度が阻害される恐れがあることを指摘したものである。翻って民設民営は，そうした行政の縛りから自由で自らを柔軟に変革できることがその良さであるという。それが NPO にとって重要なアドボカシーへのサポートを可能にし，変革された人間を生み出すという NPO の役割をサポートできることになるという。

土屋はこうしたサポートセンターの評価を行いつつ，その時点でのアリスセンターの置かれた状況についても冷静に分析している[23]。

　　アリスセンターはノウハウを蓄積するために，自分たちで運動を担う形に変革してきました。そして，10 年たった時，アリスセンターのまわりは行政系のサポートセンターが続々出現していました。今まで神奈川ではアリスセンターが独占してきた市場を，行政と取り合う形になったのです。そこでまたアリスセンターは変革を迫られ，顧客を明らかにし，商品の差別化をはかり，成果の見直しをせざるを得なくなりました。これが，昨年から取り組んできたアリスセンターの組織評価です。

しかし，土屋の公設民営のサポートセンターに対する危惧は，その後ますますサポートセンターが日本全国に普及していく中で現実のものとなっていった。

アリスセンターは，まだ「NPO」，「中間支援組織」という言葉がなかった頃に立ち上げられ，市民運動の情報の拠点，市民活動・市民事業のサポートのあり方を模索しながら事業を広げてきた。そこに NPO 法成立をはじめとする「NPO」のブームともいえる状況が出現し，アリスセンターでは図らずもその「NPO」の中間支援組織の先駆者と目されるようになっていった。

しかし，アリスセンターが追求していた姿と，中間支援組織といわれるもの

たあとる通信 NO.1

2001年2月28日発行●発行::アリスセンター（NPO法人まちづくり情報センターかながわ）〒231-0007 横浜市中区弁天通り2の26の3●TEL045・212・5835 FAX045・212・5826　一部500円（送料別）●禁無断転載・禁コピー（必要な方はご連絡下さい）●http://www.jca.apc.org/alice

『たあとる通信』第1号（2001年2月）

とが完全に一致するわけではなかった。むしろ，中間支援組織といわれるところの多くで行われる事業や事業への姿勢については，先の土屋の主張に見られるように，アリスセンターははじめから批判的であった。それでも，自分たちが中間支援組織と呼ばれることに対して拒絶することはなかった。これについて，川崎は次のように述べている[24]。

　私たちは，もともと立ち上げてきたのはいわゆる泥臭い市民運動で，まあ言ってみれば私たちは運動論的に動く方ですからね。マネジメントも必要だろうけども，会計・税務の前に，まず私たちは何を解決したいのかと。その問題に対して課題ありきっていうのかな，何かを解決したいとかじゃなくて，まさに目の前のこういう障害を持ってる人たちのこういう人権を守りたいとか，暴力を受けている女性たちのここを保護したいとか，なになに山がいま壊されそうだから何とかしたいとか，そういうものがあって，それで市民が動くと。私たちはそこに共感して，その声がなぜ社会に反映されないのかというところで，疑問というか問題意識を持って動くわけですから。それはもう一貫して変わらないんですね。だからまあ極端な言い方をすれば，そういう私たち自身が社会に認知されなければ，そういう思いも何もならない。社会に認知されていく一つの方策として，私たちは中間支援組織の服をちょっと着させていただいたり，という感じなんですね。だから見る人が見れば，アリスはいわゆる中間支援組織の中でちょっと異色なんじゃないのっていうふうに思われるかもしれないですね。

　アリスセンター自身は，分野を限定せずに，さまざまな市民運動の交流拠点や便利屋のような存在になろうとしていたが，その対象は具体的で切実な課題に向き合う市民運動であり，その市民運動への自分たちの共感性を重要視していたのである。ところが，「NPO」という新しいラベルを貼られた団体の範囲は広がっており，必ずしも具体的な課題や切実な問題を抱え，それに市民の立場で立ち向かおうというのではなく，漠然とした社会貢献のような目的を掲げているような団体，具体的な事業内容も固まらないまま，とりあえずNPO法人を設立するようなケース，さらには営利目的に近い事業でありながら，

NPO法人の法人格を持っていると補助金が取りやすいと聞きつけてNPO法人になろうとするようなケースも増えていたのである。

　土屋や川崎は，そのような「NPO」を支援するという中間支援組織が，課題とすることがらに関わることなく，ただNPO法人としての法的な手続きや税務・会計のような業務的なことがらに関する支援を中心にする傾向に違和感を覚えていたのである。

　それでも中間支援組織というラベリングに抵抗しなかったのは，全体としての「NPO」が，異議申し立て，あるいは要望型になりがちだったこれまでの市民運動とは違う可能性を感じさせたことや，その「NPO」のブームともいえる勢いや社会の認知が利用できるという計算があったためだった。「中間支援組織の服を着る」ことによって得られるメリットを利用しながらも，その服の下にある自分たちの本質は中間支援組織とは異なるということである。

6　公設民営の落とし穴とアリスセンター

　「サポートセンター」，「中間支援組織」，「市民活動（支援）センター」という言葉は，ほとんど同義のように使われるなど，概念と用語が未整理な状況が続いている。これは「センター」という言葉が，先述のとおり，施設・設備などのいわばハードを表すこともあれば，情報提供や支援プログラムを実施する団体を表すこともあるためと思われる。しかし，「中間支援組織」を「センター」と同義とし，施設・設備などのハードを中心としたものまで「中間支援組織」と呼ぶことには違和感を覚える。そのような言葉の混乱が生じる原因として考えられるのは，いわゆる「公設民営」の支援センターが多いことにあるのであろう。

　自治体が遊休施設の有効利用も兼ねて市民活動支援の施策として「市民活動センター」を設置し，その管理や運営を「NPOを支援するNPO」，つまり中間支援組織に委託事業や指定管理者として委ねる。これが「公設民営」のセンターであるが，そうした設置主体や管理・運営主体の組み合わせは，外から見た場合にはわからない。また，そうした施設の指定管理者の選定等に関わったりというようなことがない限りは，施設の利用者としてはそうした識別をする

必要もあまりないのである。

　しかし，この行政が設置するNPO・市民活動の支援センターの存在は，「NPOを支援するNPO」にとっては重要なものであった。それは，NPO・市民活動の支援という事業は，それ自体ではあまり収入が得られない事業である一方で，行政の施設の管理・運営の仕事はそれらの「NPOを支援するNPO」の存続に寄与するからである。もちろん，行政からの委託料や指定管理料はその施設の管理・運営のために使われるものだが，そこで賄われる人件費でスタッフの雇用を維持できるのである。また，その施設で行われる事業はNPO・市民活動の支援であるために，「NPOを支援するNPO」のミッションとも合致する。さらに行政側にとっても，行政の設置したセンターを地元のNPO法人や市民団体に管理・運営させることで，ある種の市民参加が実現できたという実績にもなる。それに何よりも，もはやある程度の規模の自治体であれば，そうした公設民営の市民活動センターを設置していることが標準となっており，設置が出遅れていたりすると議会などでその理由を問われるなどの圧力がかかってくるのである。

　自治体間の横並び競争や相互参照もあって，公設民営の市民活動センターは普及し，同時にその管理・運営の仕事を担う「NPOを支援するNPO」も日本各地で広がっていった。その過程で，公設民営の市民活動センターの設置が決まったことを受けて，これまで任意団体であった「NPOを支援するNPO」の法人化が進められたり，場合によってはその管理・運営の仕事を担うために「NPOを支援するNPO」が新たに設立されるという例も見られた。

　川崎は公設公営や公設民営のサポートセンター，そしてその事業に依存する中間支援組織について，次のような批判を述べている[25]。

　　いずれにしても，行政が設置した市民活動支援施設の管理運営業務が，多くの中間支援組織の事業の中心を占めるようになってきた。こうした施設の管理運営を行政から受託するために設立されたNPOも少なくなかった。

　　市民活動支援施設の管理運営を受託するということは施設管理のみを行うのではなく，その施設における市民活動やNPOに関わる相談業務や支援業務も行うのだが，行政事業として実施できる枠内での事業に限定せざるをえ

ない。ボランティアとして活動する市民の掘り起こしや，ボランティアとして参加したい人と団体とのマッチングなど，NPO の担い手の裾野を広げるという機能は，行政が関与することでより効果的に果たしてきたと思われる。

　他方で，行政の委託事業としての市民活動・NPO 支援では，NPO の政策提案，特に政治的に争点となるような取り組みを支援することは難しい。民設民営の中間支援組織であれば，政治的な争点に関わる問題に取り組む NPO，例えば原発のない社会をめざす NPO や自然保全のために開発計画に反対する NPO などにも，組織として賛同して行動をともにすることもできる。NPO が新たな法律や条例の制定などをめざす場合，民設民営の中間支援組織であれば，ともに国会や自治体議会に働きかけるような活動もできる。しかし，公設公営や公設民営の市民活動支援施設の事業の一環としてはそこまでは踏み込めない。政治的な争点に対して中立であること，そして設置した自治体の政策から逸脱しないことが求められる。しかし，公設だからこそ，本来ならば，NPO の政策提案を当該自治体の政策につなげる役割をもつべきであろう。現場の実情を把握し，市民の声を日々受け止めている NPO の提案を，行政の担当部署につなぐような役割を果たせるのも公設ならではの役割ではなかったか。しかし，自治体は市民活動支援施設にその役割を持たせようとしなかったし，公設民営の場合，受託している NPO もそこまでの役割を果たそうとすることはあまりなかった。結果として，公設公営や公設民営の市民活動支援施設が，NPO 支援として行っていることは，会議等の場の提供以外は，一般市民に対する NPO の活動の紹介，NPO 法人格取得の支援，NPO の運営支援が中心となった。

　前節の土屋やこうした川崎の発言は単なる言葉だけの問題ではなかった。実際にアリスセンターは，最後まで行政が設置した支援施設の管理・運営の事業に手を出すことはなかったのである。市民活動や NPO を支援するという目的にマッチし，しかもそれが自分たちの組織の存続にもメリットがあるという公設民営の支援施設の管理・運営は，支援事業ではなかなか収入を得ることが難しい中間支援組織にとっては魅力のあるものであるが，そこに自らの自律性を抑制してしまう落とし穴があることを明確に意識していたのである。

　また，こうした公設の支援施設の管理・運営業務に対する考え方は，土屋や川崎がアリスセンターを去った後にも，アリスセンターの中で不文律のように受け継がれていったのである。この点について3代目の事務局長だった藤枝は次のように述べている[26]。

　　アリスセンターは公設の市民活動センターはしないっていう大きな方針，不文律の方針がありまして……。（中略）公設のセンターを受託してしまうと，ウチらしい仕事ができなくなるという思いが理事のみなさんの中であったのかなと思います。全員がそうだったのかどうかはわかりませんが，そういうのがあったと思うんです。だから理事会の中で，たとえば神奈川の公設センターのここがこれからできるみたいだから行く？　みたいな話はいっさい出なかったと思います。

　もちろん，アリスセンターの理事の顔ぶれも変わっていったし，内規として文書などに残されていたわけでもないのに，公設のセンターの管理・運営の事業には手をつけないことが組織の中で伝承されていったのである。それはアリスセンターの発行する『らびっと通信』や『たあとる通信』の記事の中でそうした考え方が述べられているのを，後の理事たちが読んでいたからかもしれないし，文書などには残らない口頭での意見交換の機会などに伝承されたのかもしれない。しかし，少なくとも事務局長だった藤枝がそれを明確に認識するような組織内での価値，あるいはロジックであったことは確かである。

注 ─────────

1　たとえば内閣府国民生活局編『NPO支援組織レポート2002──中間支援組織の現状と課題に関する調査報告書』においては，中間支援組織を「多元的社会における共生と協働という目標に向かって，地域社会とNPOの変化やニーズを把握し，人材，資金，情報などの資源提供者とNPOの仲立ちをしたり，また，広義の意味では各種サービスの需要と供給をコーディネートする組織」（3ページ）と，かなり抽象的に定義している。そのアンケート調査の対象には「日本NPO学会」や各地のボランティアセンター，市の生活情報センターなどさまざまな団体が含まれている。

2　日本青年奉仕協会は2009年7月に解散した。

3　日本NPOセンターの設立プロセスについては，吉田（2007）を参照のこと。

4 平山（1993）5 ページ。

5 イギリスにおいては地方自治体が所有していた公営住宅に関して，一定期間以上その住宅に居住していた者は，それを買い取ることができる権利を認めた法律が制定された。これにより民間非営利の住宅供給事業者であるハウジング・アソシエーションの役割が大きくなっていった。イギリスの住宅政策については，堀田（2005）を参照のこと。

6 平山（1993）72 ページ。

7 アリンスキーについては，石神（2021）を参照のこと。

8 平山（1993）90–92 ページ。

9 ハウジングアンドコミュニティ財団編（1997）25–51 ページ。

10 ハウジングアンドコミュニティ財団（1997）43 ページ。

11 ハウジングアンドコミュニティ財団（1997）43 ページ。

12 日本 NPO センターは，その設立準備段階でフォード財団のスーザン・ベレスフォード理事長から資金仲介を中心とするのではない支援組織の呼び方として「インフラストラクチャー・オーガニゼーション」を示唆され，その後はホームページ等でも「中間支援組織」ではなく，「インフラストラクチャー組織」という言葉を用いている。渡辺元インタビュー，2006 年 2 月 23 日，於：日本 NPO センター。

13 これらの NPO 支援組織の類型については，吉田（2004）を参照のこと。

14 岡部（2000）263–264 ページ。

15 もちろん，その方法は模索されていたし，いくつかの具体的な試みもなされていた。たとえば，せんだい・みやぎ NPO センターでは，サポート資源提供システムという名称で，宮城県内の企業・団体四十数社と共同してサポート資源開発プロジェクトを立ち上げ，企業，団体，市民から NPO が必要とするさまざまな資源を提供するスキームを立ち上げたりした。これによって 10 カ月の間に 200 点以上のオフィス什器・備品，79 台のパソコン，そして資金 230 万円を NPO に提供した。せんだい・みやぎ NPO センター編（2002）40–41 ページ。

16 また，市民活動団体の資金確保を中心テーマとする日本ファンドレイジング協会が 2009 年 2 月に設立され，NPO や中間支援組織の関係者を中心とした多くの会員を擁している。

17 アリスセンターでは『たあとる通信』の第 1 号，13 号，27 号と 3 回にわたってサポートセンターを特集しているほか，『らびっと通信』の時代から何度も市民活動の支援や施設，そして行政との関係について論じている。

18 Kivimaa *et al.*（2019）pp. 1068–1070.

19 内閣府 防災情報のページ「災害中間支援組織について」https://www.bousai.go.jp/kyoiku/bousai-vol/voad.html，2024 年 7 月 3 日確認。

20 日本スポーツ協会総合型地域スポーツクラブ全国協議会「令和元年度総会レポート」https://www.japan-sports.or.jp/Portals/0/data/kurabuikusei/SC/r1sc_soukai.pdf，2024 年 7 月 3 日確認。

21 経済産業省「新しい官民連携の仕組み：ソーシャル・インパクト・ボンド（SIB）の概要とその動向」kantei.go.jp/jp/singi/keizaisaisei/miraitoshikaigi/suishinkaigo2018/ppp/dai3/siryou2-4.pdf，2024 年 9 月 10 日確認。

22　この頃にはまだ「中間支援組織」という言葉は普及しておらず，「サポートセンター」が市民活動や NPO の支援施設，支援組織の総称として用いられていた。『たあとる通信』では 2004 年，2009 年にも「サポートセンターを考える」の特集がなされているが，これらは「サポートセンターを考える Part2」，「サポートセンターを考える Part3」と，2001 年の 1 号を引き継いだシリーズとして扱われている。

23　土屋（2001）18 ページ。

24　川崎インタビュー，2005 年 9 月 9 日，於：アリスセンター

25　川崎（2020）52-53 ページ。

26　藤枝インタビュー，2021 年 8 月 25 日，オンライン。

第 5 章

アドボカシーとアリスセンター

1　支援からアドボカシーへ

神奈川県による支援センター

　アリスセンターは中間支援組織のパイオニアと目され，その制度化の参照元になっていたにもかかわらず，多くの中間支援組織が行っていた公設の市民活動支援施設の管理運営事業には参入しなかった。それは自らのアイデンティティを維持しようとした結果だった。しかし，バブル崩壊による景気の低下によって行政からの委託事業が減少したこともあり，アリスセンターの財政的な基盤は安定しなかった。さらにミッションのひとつとなっていた市民活動支援についても，アリスセンターを取り巻く状況は変化していった。それはNPO法が成立し，NPO法人が急増する中で，その支援の必要性がより明確になったことによって，行政もそれに積極的に関わるようになったこと，そしてそれに付随して新しい中間支援組織が現れ，成長しはじめたことである。

　横浜市の中心部の利便性の高い場所に神奈川県直営（公設公営）の県民活動サポートセンターが設置されたことは，ミーティングや会合の場所の確保に苦労していた横浜市やその周辺で活動する団体にとっては朗報だった。実際，オープンしてすぐにこの施設はフル稼働し，年間利用者は30万人にのぼり，市民活動センターの先行事例として全国の自治体や関係者からの視察があいついだ。会議や作業のための物理的な場所へのニーズには対応する術がなかった

アリスセンターにとっても，他に例を見ない規模と充実した設備を有する県民活動サポートセンターの出現は，むしろ歓迎されるものだった。しかし，その設置に至るプロセスはかなり急で，計画段階で利用者との対話の場が設けられることはなかった。この点について，アリスセンターのスタッフは危惧をいだいていた。たとえば土屋は，県民活動サポートセンターの設立プロセスについて次のように述べている[1]。

　　実際の施設は基本計画に先駆け，1996年1月に早々とオープンした。場所として選ばれたのは，横浜駅から徒歩5分の，神奈川県内のありとあらゆる行政施設のなかで，もっとも交通至便な場所である旧県政総合センターである。かながわ県民センターと衣替えし，6階から11階を「かながわ県民活動サポートセンター」として市民団体の利用施設としたのである。

　　急いで設置したのは，当時の岡崎知事のリーダーシップがあったからだが，時間がないという理由で，開設に関わるプロセスで市民の意見を聞くこともなく，まったくのトップダウンで設置が決まった。「市民活動に関する施設をつくるのに，市民の意見を聞かないとはナニゴトか」という批判も当然あったがこのスピードの早さは，知事の決意の表れでもあった。

そしてその危惧は，「走りながら考える」とされた県民活動サポートセンターの運営やプログラムが徐々に具体化する中で現実のものとなっていった。とりわけ，かながわボランタリー活動推進基金21（以下，基金21）の設置をめぐるプロセスについては，県の進め方に対するアリスセンター側の反発を表面化させることになった。県民活動サポートセンターが設立されて4年が経とうとする2000年の元日に，「NPOと行政との協働」を謳う市民活動支援基金の計画が，その協働のパートナーであるNPO側には何も知らされないまま，新聞記事を通して突然発表されたのである。しかもそれは，県の持つ債権を活用する総額約100億円という大型の基金だった。この基金を原資として毎年NPOなどに活動資金を助成するというもので，それ自体は元日の新聞記事どおり[2]，県下の市民活動団体にとってはまさにお年玉のような話だった。しかし，「NPOと行政との協働」を謳う基金であるにもかかわらず，少なくともそ

の条例ができるまでは NPO 側との意見交換の場はなく，行政内で事業内容が決められていたのである。

44 歳若返った理事長

　この基金 21 の問題が持ち上がる時期に，アリスセンターは NPO 法人としての最初の役員の交代を迎え，アリスセンターの象徴的存在だった緒形に代わって，まだ 30 歳の大学助手だった饗庭伸が理事長に就任した。

　饗庭は 1994 年に大学院に進学し，早稲田大学の佐藤滋の研究室で都市計画を学んでいた[3]。この研究室に川崎市の非常勤職員（総合計画課題専門調査員）の求人があり，饗庭が行くことになった。饗庭は大学院と川崎市の非常勤職員とをかけ持ちしながら，都市計画の理論だけでなく，その現場を観察することになった。当時の川崎市でも市民参加を推進するための新しい施策を模索しており，それに関連して饗庭は川崎市やその周辺における市民活動団体を回ってヒアリング調査を行っていた。そのヒアリング先のひとつにはアリスセンターも含まれていた。それ以後も川崎市のアリスセンターへの委託調査の打ち合わせなど，アリスセンターに出入りする機会がたびたびあった。そして 1995 年にはアリスセンターの会員となり，『らびっと通信』に市民参加型のまちづくり施策を先駆的に手がけた川崎市や横浜市に関するレポートを寄稿し[4]，1997 年の「NPO フォーラム '97 in かながわ」ではその現地事務局を担当するアリスセンターの手伝いもするようになっていた。

　アリスセンターが NPO 法人化することになった際に饗庭は理事就任を打診され，28 歳でアリスセンターの最初の理事会のメンバーの一人となった。そして，それから 2 年後のアリスセンター法人化後最初の役員交代の際に，緒形に代わって理事長に就任したのである。スタートから 10 年にわたってアリスセンターを支えてきた運営委員会のメンバーたちは，設立を準備した横田，緒形，鳴海らの知り合いで，皆すでに高齢となっていたこと[5]や，法人化の方針などをめぐる運営委員や会員とのやりとりの中で，単なる名前だけの役員ではなくアリスセンターの事業活動に実際に携わる役員が望ましいという声が多かったことから[6]，NPO 法人となるアリスセンターの役員は若返りが図られた。しかし，饗庭はその若返った役員メンバーの中でもひときわ若く，前理事長の

2代目理事長の饗庭伸（2002 年 7 月，NPO スクエア・オープニング・イベントにて。筆者撮影）

緒形とは 44 歳もの差があった。都市計画の研究者である饗庭と建築家の緒形とは，専門領域としては共通するところもあったが，とくにそれまでに接点があったわけではなかった[7]。

　最年少の饗庭が理事に就いてわずか 2 年で理事長となったのは，饗庭に特別なリーダーシップや市民活動における実績があったからというのではなく，単なるアドバイザーのような理事ではなく，現場スタッフといっしょに活動するような理事が望ましいとしたアリスセンターの運営委員や会員たちの声を反映させた形で，アクティブで事務局スタッフともフラットな関係にある理事を象徴する存在としての人選だった[8]。実際，饗庭は基金をめぐるアリスセンターの活動に積極的に関わった[9]。「NPO と行政との協働」を謳う基金のあり方をめぐって，アリスセンターは NPO 側の意見の取りまとめ役を担い，基金の運営について県側に提言を行うが，饗庭はそれらの話し合いの場などにも参加し，県側と NPO 側とのやりとりの経緯についても詳しくレポートしている[10]。そ

のレポートの中で饗庭は，それまでアリスセンターは政策提言などのアドボカシー活動にあまり携わってこなかったと指摘した上で，この基金をめぐる諸活動がアリスセンターの意識的なアドボカシー活動の実践となっていると述べている[11]。

　　アリスセンターはこれまで 12 年の活動を重ねてきているが，実は正面切ってここまで政策提言事業に取り組んだことは初めての経験だった。このことは，アリスセンターが特定非営利活動法人に衣替えをして，あらためて組織の持つ使命や目的は何か，ということをここ 2 ～ 3 年の間に考えてきたことと大きく関連している。お金になりにくい，結果が目に見えにくい，専門的な知識が必要になる，など政策提言事業には「大変だ」というイメージがつきまとう。そのため，12 年の間，無意識的に「出来るところから」事業に取り組み，結果として政策提言事業への取り組みが少なくなっていた。改めてアリスセンターの使命を振り返り，政策提言を充実させていこう，と取り組んだのが今回の基金 21 事業に対する政策提言だったのである。

アドボカシーというミッション

　アリスセンターの関係者たちがアドボカシーという言葉を知らなかったわけではない。横浜市においても，すでに 1977 年に田村明がトップを務めた企画調整局でブレッチャーの『アドボカシィ・プランニング』を局内資料として翻訳し，関係者に配布していた[12]。しかし，そこでのアドボカシーは，住民の運動を専門家がサポートしてまちづくり計画を立てたり，行政の計画の代替案を作成する手伝いをするといった手法として理解されていた。この当時は，ジェイン・ジェイコブズやポール・ダビドフなどによる都市部での住民運動とそれを支援する都市計画専門家との活動が専門家の間で注目されていた[13]。

　日本でもアメリカの現地でのフィールドワークに基づいた西尾勝の『権力と参加──現代アメリカの都市行政』（西尾，1975）が刊行され，住民参加型のまちづくりや都市計画が，行政学や都市計画の専門家の間でアドボカシー・プランニング，アドボケート・プランニングとして知られていた。1970 年代，80 年代には，アドボカシーという言葉はこうした文脈で知られるようになってい

たのである。

　しかし，アリスセンターが基金の問題にコミットするようになる頃には，専門家が非専門家の住民などの活動を支援するというアドボカシー・プランニングではなく，社会課題の啓発や行政への政策提言などより直接的で主体的な活動を指してアドボカシーという言葉が用いられるようになっていた。また，事業型のNPOが増加する中で[14]，目先の事業の実施に追われ，社会課題への意識が薄れがちになる団体が増える傾向に対して，そうしたアドボカシーの重要性が指摘されていた。

　アリスセンターでは市民活動の情報センター，支援センター，シンクタンクというこれまでの3つの目標に向かって具体的事業を模索してきたが，支援センターの事業が軌道に乗りはじめていたところで市民活動支援事業をめぐって行政との競合に直面し，市民側と行政側のそれぞれの役割や両者の協働について，行政側と折衝する必要性に気づくことになったのである。そして，自らも当事者として「NPOとの協働」を謳う行政の基金事業に市民が参加できる道を拓こうとした。行政の政策決定過程への市民の参加を実現するために，市民側の意見をまとめ，政策提言を行うことがそのミッションから重要であるとアリスセンターのメンバーたちは認識していたのである。

　この基金への政策提言は，少しでも早く基金による助成が実施されることを求めるいくつかの市民活動団体との間に意見の対立を生じさせながらも，助成の審査会の事前調整の場である幹事会に市民活動団体による協議会から幹事を推薦することや，募集内容の検討を行う基金21サポート会議の設置，市民と行政とが協働して進める基金21協働会議の設置などの成果を残した。

　アドボカシーをミッションのひとつとして再確認したことについて，饗庭らは次のように述べている[15]。

　　この行政委託事業の比率は，90年代中頃がピークであった。アリスセンターは，設立当初は神奈川県を本拠とする生活クラブ生協より資金的な支援を受けていた。そして，90年代中頃にはその支援から独立をするために，行政からの委託事業を増やしていった。この時期は「食える」市民団体として独立した収入基盤を確立することに精一杯であり，組織の使命とはややは

ずれたところでの仕事も引き受けていた。しかし，このことは結果として，コンサルタントとしての能力は向上したものの，本来アリスセンターが取り組みたかったことに十分に取り組むことが出来ない，というジレンマを生み出すこととなった。

99年に，アリスセンターがNPO法人化して以降，組織としての使命をあらためて議論する機会が理事会を中心に何度か持たれた。あらためて強調されたことは，行政に対して自由な立場から「政策を提案していく（＝アドボカシー）」事業の重要性である。（中略）

そして，アリスセンターの財政構造では政策を提言できない，ということが強く認識された。行政委託事業が多いため，行政に対して自由な立場から政策提言をしにくい，ということと，組織として委託調査に忙殺されてしまい，政策提言事業にかける労力を十分に取ることが出来ない，という二重の問題がある。

こうした認識のもとに，アリスセンターではその事業費全体に占める行政からの委託事業費の割合を下げるべく，会費や寄付の増大を図った「サポート財源拡大キャンペーン」を行ったり，またアドボカシーの力を向上させるために，同じ課題意識を持っていたせんだい・みやぎNPOセンターおよび市民活動センター神戸との共同プロジェクトを行った。この共同プロジェクトは，「NPOの政策提案力の開発とNPOの参画を保障する自治体の政策形成システムの提案」というテーマで，2002（平成14）年度からのトヨタ財団の市民活動助成・市民社会プロジェクトの助成を受けた[16]。

2　2つの共同オフィス

NPOスクエア

かながわ県民活動サポートセンターが設立されて以降，アリスセンターの周囲には行政の設置する市民活動支援センターが次々にできていった。それはボランティアやNPOへの理解のある行政（岡崎県政）が，積極的に支援事業に乗り出したことが周辺の自治体にも波及したこと（表5-1参照），そして都市部

表 5-1　神奈川県内の公設市民活動支援施設の設立

年	施設
1996 年	かながわ県民活動サポートセンター設立（直営）
1997 年	えびな市民活動サポートセンター（直営）
1998 年	鎌倉市市民活動センター（市民運営） 厚木市ボランティア活動サポート室（直営）
1999 年	横須賀市立市民活動サポートセンター（NPO 運営）
2000 年	横浜市市民活動支援センター（横浜ボランティア協会運営）
2001 年	おだわら市民活動サポートセンター（直営） 藤沢市市民活動推進センター（NPO 運営）
2002 年	ちがさき市民活動サポートセンター（市民運営） さがみはら市民活動サポートセンター（市民運営）
2003 年	かわさき市民活動センター（川崎ボランティアセンター運営） ひらつか市民活動センター（直営） 秦野市市民活動サポートセンター（市民運営）

（出所）　筆者作成。

を中心に全国的にも NPO や市民活動を支援する公設の施設が普及する流れができたことなどによる影響だった。県民活動サポートセンターを中心とした神奈川県の積極的だが独善的と思われる市民活動支援施策のあり方に対して，アドボカシーという概念を取り入れて異議を唱えたアリスセンターは，行政と協調的な他の中間支援組織との性質の違いを際立たせることになった。

　しかし，基金の問題がひととおり決着した頃には饗庭は役員の任期を終え，会員ではあるもののアリスセンターの現場には関わらなくなっていた。また，初代事務局長だった土屋も，有限会社アリス研究所の債務の処理を済ませ，2001 年 3 月に正式にアリスセンターを退職していた。3 代目の理事長には法政大学の人間環境学部の助教授だった小島聡が就き，現場は事務局長の川崎，そしてスタッフの川嶋庸子，綿引幸代たちがきりもりした。

　また，事務所も饗庭が 2 代目の理事長を務めていた時期に，これまでの関内から，みなとみらい 21 に建設された商業施設などが入る建物「ワールドポーターズ」の 6 階に，他の団体とオフィス・シェアして入居することになった。

　ワールドポーターズへの移転は，これまで同じ部屋に入居していた緒形の建築事務所の退去に伴うもので，ちょうどその頃にワールドポーターズの一角で

NPO スクエア内のアリスセンターの事務所（2002 年 7 月，筆者撮影）

みなとみらい 21 にあるワールドポーターズ（2005 年 9 月，筆者撮影）

表 5-2　NPO スクエアのオープン時の入居団体

特定非営利活動法人まちづくり情報センターかながわ（アリスセンター）
市民セクターよこはま
横浜未来街づくりラボ
特定非営利活動法人相模川倶楽部（CNS)
横浜移動サービス協議会
企業組合ピアネット e 工房
特定非営利活動法人 FCT 市民のメディア・フォーラム
日本ドイツワイン協会連合会
横浜市障害者自立生活支援センター
シーエストレーディング合資会社
ハートランド
特定非営利活動法人（申請中）ひらり

（出所）　NPO スクエア・オープニング記念イベント・プログラムをもとに筆者作成。

市民セクターよこはまがバリアフリー商品の販売コーナーを設けていた縁で[17]，ワールドポーターズの中の一室への入居の話があった。しかし，その部屋は 60 坪ほどの面積があり，1 団体で借りるには広すぎ，賃料負担も重かったために，いくつかの市民活動団体でシェアすることになったものだった。

　この 60 坪ほどのフロアに共同で入居する団体は，ワールドポーターズの管理会社である横浜インポートマート[18] と賃貸契約を結び，占有する坪数に応じて賃貸料を支払った。また，共有スペースについては入居団体で連絡会をつくって運用し，占有する坪数に応じてその賃料を負担した。このシェア・オフィスは「NPO スクエア」と名づけられ，団体間の情報共有や協力の促進が期待された。横浜のランドマークとなっていたみなとみらい 21 の新しい建物に 13 の市民活動団体が同居する「NPO スクエア」は，NPO がブームのようになっていた中で注目され，オープニング・イベントにも多くの人びとが集まった[19]。

横浜市の共同オフィス

　しかし，NPO スクエアに入居する団体のように自分たちでオフィス・シェ

旧富士銀行横浜支店の建物（2004 年 3 月，筆者撮影）

アリングできるところは少数派で，事務所の確保に苦労する団体はまだまだ多かった。こうした市民活動団体のニーズに応えるべく，横浜市は 2002 年に横浜市市民活動共同オフィスを設置した。この市の共同オフィスは馬車道の角にあった旧富士銀行横浜支店の建物の中に設置された。この建物は昭和初期の歴史的建造物であったことから保存の要望の声が上がり，市が土地を買い取った上で建物の寄付を受けたものであった。その活用方法については検討が継続されることになり，その間の３年間を暫定的に市民活動共同オフィスとして利用することになったのである。設備としては，各団体のスモール・オフィスとしての 15 のブース，それに会議室や印刷コーナーなどが設けられ，開館時間は利用者が仕事を終えてからでも利用できるように 22 時までとされた。

　この共同オフィスの管理運営業務は民間団体に委託されることになり，事業者が公募された。そして応募した４団体の中から公開プレゼンを経て，市民セクターよこはまが事業者となった。この共同オフィスは，あくまで建物の暫定的活用として設置されたものであった。しかし，継続を望む声が上がり，そこを東京芸術大学大学院の映像研究科が本格的に利用することになった後にも，別の場所に設置されることになった。当初は旧富士銀行の建物を３年間使用す

クリーンセンタービル（2005 年 9 月，筆者撮影）

る予定だったが，2002 年 10 月から 2004 年 10 月までの 2 年間の使用となり，2005 年 4 月から 2009 年 3 月までの 4 年間はクリーンセンターや横浜市資源循環公社などが入居するクリーンセンタービルの 7 階に置かれた。そして 2009 年 4 月からは，クリーンセンタービルの別の階（5 階）に置かれていた横浜市市民活動支援センターの機能の一部として吸収されることになった。結局，この横浜市の共同オフィスの管理運営は，2002 年の旧富士銀行の建物でのスタートから，20 年 3 月 31 日に横浜市市民活動支援センターが事業終了するまで，一貫して市民セクターよこはまが担ったのである。

3 もうひとつのアリスセンター

横浜市市民活動支援センターとの関わり

　アリスセンターを去った土屋は，在職中にアリスセンターが横浜市から受託していた里山ボランティア募集の仕事をきっかけに，その事業に関わっていた数人と里山保全活動を行う団体を立ち上げていた。よこはま里山研究所

（NORA）と名づけられたその団体のメンバーの中には，アリスセンターが
NPO法人となった際の最初の理事メンバーの一人で，後に理事長に就任する
内海宏もいた。

　内海は，横浜生まれ横浜育ちであったが，大学生の頃に沖縄の地域開発に関
わるようになり，それ以来長く沖縄での活動に従事していた[20]。若くして仲間
といっしょに都市計画の会社を立ち上げ，主に沖縄で活動していたが，横浜で
の仕事も受けていた。その後，活動の中心を横浜に移し，住民参加型のまちづ
くり事業に取り組んだ。こうした横浜市のまちづくり事業の中でアリスセン
ターとの関係ができ，理事となった。また，よこはま里山研究所（NORA）を
土屋たちといっしょに立ち上げたのも，土屋がアリスセンター研究所の代表
だった頃に，事業の受託のことなどを内海に相談したりしていた関係からのも
のだった。

　この内海と，アリスセンターの初期からの運営委員だった嶋田昌子が横浜市
市民活動センター管理運営委員会の委員となっており，そこで土屋にも参加を
呼びかけることになった。土屋はこれに応じて委員の一人となった。

　2000年に設置された横浜市市民活動支援センターは，（社）横浜ボランティ
ア協会に管理運営が委託されていた。「ボランティア協会」という看板を掲げ
る団体は都市部を中心に全国各地で見られ，社会福祉協議会が運営するものを
はじめいくつかのタイプがあるが，この横浜ボランティア協会は1974（昭和
49）年に設立された横浜市の外郭の社団法人だった。そうした特性から，横浜
市の外郭団体整理に伴って2005年度より（財）横浜市青少年科学普及協会に
統合され，（財）横浜市青少年育成協会と名称を変えることになった[21]。この財
団法人の事業目的が「青少年の育成」とされ分野が限定的になったために，市
民活動全般の支援を目的とする市民活動支援センターの管理運営にはそぐわな
いということになり，横浜市市民活動センター管理運営委員会が管理運営を行
うことになったのである。

　しかし，横浜市市民活動支援センター管理運営委員会の事務局スタッフは，
日本でようやく広がりはじめたNPOや市民活動の支援事業について必ずしも
知識や経験があったわけではなかった。こうした事情もあって，管理運営委員
会のメンバーたちはこのセンターの事業にはテコ入れが必要と考えていた。そ

うした状況の中で事務局に欠員が生じ，その補充をというタイミングで川崎がアリスセンターを退職するという情報が入り，内海，嶋田，土屋たちは，川崎に横浜市のセンターの事務局を委ねようと考えた。そして，土屋が川崎に打診し，川崎は事務局次長というポストでこのセンターの運営に加わることになったのである。

こうして土屋と川崎は，運営委員と事務局と立場は異なるものの，横浜市市民活動支援センターで再び合流することになった。ところが，川崎がこの横浜市市民活動支援センターの事務局を担うようになって3年目の2008年に，このセンターの管理運営者をあらためて公募することになった。すでに2003年9月に公の施設の指定管理者制度が施行されていたが，このセンターはそれまでクリーンセンタービルの中に置かれていたことから，指定管理者制度の対象となる公の施設に該当しないという扱いだったものが，民間に委ねる行政の施設は公募が前提という流れになっていっていたのである。

アクションポート横浜

運営委員会は現管理運営者であったことに加え，このセンターの管理運営事業のために数名の若手スタッフを抱えており，これらの若手スタッフの仕事の確保ということも考慮して，センター管理運営者の公募に手をあげることを決めた。それにはまず応募の要件を満たすため，団体の体裁を整えなければならなかった。運営委員会の委員長であった横浜市立大学の教授だった村橋克彦は体調を崩していたために，関東学院大学教授の昌子住江が代表となって，2008（平成20）年9月にこの運営委員会を母体とするアクションポート横浜が設立された。そしてその3カ月後の12月にはNPO法人化された。

アクションポート横浜では，その前身となる横浜市市民活動センター管理運営委員会での議論も踏まえて，他の公設民営の支援センターにはない事業の構想も立てていたが，横浜市市民活動支援センターの管理運営者には採択されなかった。アクションポート横浜には土屋，川崎，内海，平岩千代子などが顔を揃え，以前のアリスセンターを知る者にはあたかももうひとつのアリスセンターができたような印象を与えた。それが横浜市の関係者や選考委員会のメンバーに，この団体が行政と協調的ではないという警戒感を抱かせたのかもしれ

ない。

　採択されたのは，前述の市民セクターよこはまだった。市民セクターよこはまは，横浜市の大規模団地ドリームハイツで活動していた松本和子の団体（「夢（むー）みん」）[22] をはじめ，横浜市を中心に活動する 40 ほどの団体が，横浜市社会福祉協議会の声がけで集まった「市民セクター構築のための研究会」から発展して設立された団体である。活動経験豊富なベテランのメンバーがいたものの，団体としてはまだ設立間もなかった。しかし市民セクターよこはまは，2002 年に設置された横浜市の共同オフィスの管理を担い，その時点で 6 年の実績を積んでいた。当時，横浜市の市民局地域振興課市民活動推進担当だった丸橋敏之は，市民セクターよこはまが選ばれた理由について次のように述べている[23]。

　　選考会では，中間支援組織として応募した 4 団体が，協働のあり方を具体的に検討していく方法・企画について，熱心なプレゼンテーションを行ない，新しい取組みへの市民活動団体の期待の高まりを感じた。
　　選考の結果，管理運営団体は「市民セクターよこはま」に決定した。理由は，円滑で効果的な管理運営を行うため，他の団体のノウハウも導入するなどこれまで築き上げてきたネットワークを有効に活用しており，企画においても行政と市民活動の協働を進めるための方向性について具体的で明確なビジョンが示されている点が評価された。

　市民セクターよこはまは，横浜市社会福祉協議会の職員として地域ケアプラザやボランティア・センターに勤務していた吉原明香を事務局長とし，福祉関係を中心に市の委託事業をいくつも手がけるようになっていた[24]。こうして市民セクターよこはまは，多様な団体を代表し，市のさまざまな事業を受託していることもあり，市としてはより安心できる団体となっていたのである。
　その後，横浜市市民活動支援センターは 2019 年度で事業を終了し（20 年 3 月 31 日事業終了），20 年度より新たに横浜市市民協働推進センターが開始されることになった。そして同年 6 月に横浜市の新庁舎 1 階でこのセンターは開業した。その事業を受託したのは，市民セクターよこはまと関内イノベーション

イニシアティブ株式会社との共同事業体である。最寄り駅から徒歩3分の市庁舎の1階という絶好のロケーションに，起業支援やNPOと企業とのマッチングなどで実績をあげてきた関内イノベーションイニシアティブと市民セクターよこはまとの共同によって，より幅広い支援事業を展開する体制を整えている[25]。横浜市市民活動支援センターは，20年の歴史を経て社会的企業やNPOと企業との協働などの動向にマッチしたセンターへとリニューアルされたのである。

　一方，アクションポート横浜は，NPOインターンシップ・プログラムやコミュニティ・サイクル事業などを行いながら若手のスタッフを充実させ，やがて役員，スタッフともに設立時の横浜市市民活動支援センター運営委員会のメンバーから若手のメンバーへと引き継がれていった。

4　その後のアリスセンター

NPO法人としての新役員体制

　一方，藤枝香織が事務局長を務めるアリスセンターでは，川崎がアリスセンターを退職する前に落ち込んでいた事業の受託もかなり回復させていた。しかし役員任期が2年2期までという定款によって，その担い手が徐々に枯渇するという問題に直面していた。そのため，藤枝が事務局長に就任して初めての総会（2006年9月）において，定款の役員任期に関する箇所は「第14条　役員の任期は，2年とする。ただし，1回を限りとする再任を妨げない」から，「第14条　役員の任期は，2年とする。ただし，再任を妨げない」というように変更された。要するに，役員の任期は2年を区切りとしながらも，実質的には無期限とされたのである。しかし，すでに理事たちは，神奈川の市民活動の実践に携わってきたかつてのメンバーとは，世代的にも直接的なつながりはほとんどない顔ぶれになっていた。

　アリスセンターは，一方では市民運動の理念を基盤としながら，もう一方では事務所と専従スタッフを抱える組織としてその維持を課題としていた。その両立を図りながら事業を探索し，事業の深化を進めていた。情報センター，市民活動支援，シンクタンクという3つの具体的目的に沿って事業を探索し，体

表5-3　アリスセンター法人設立前後の役員

設立前	設立時	設立後	氏　名	所　属
運営委員代表	設立代表者	理事長	緒形 昭義	群建築研究所所長
運営委員	設立者		上林 得郎	神奈川県地方自治研究センター
運営委員	設立者		佐野 充	日本大学
運営委員	設立者		嶋田 昌子	中区女性フォーラム
運営委員	設立者		服部 孝子	横浜市消費者の会
運営委員	設立者		鳴海 正泰	関東学院大学
運営委員	設立者		安田 八十五	筑波大学
運営委員	設立者		渡部 允	ジャーナリスト
監　事	設立者		井上 亮子	生活クラブ生協
運営委員	設立者	理　事	内海 宏	都市プランナー
運営委員	設立者	理　事	川村 研治	環境パートナーシップオフィス
	設立者	理　事	饗庭 伸	早稲田大学理工学部建築学科助手
	設立者	理　事	平岩 千代子	電通総研副主任研究員
	設立者	理　事	菅原 敏夫	東京自治研究センター研究員
	設立者	理　事	川崎 あや	アリスセンター事務局長
	設立者	監　事	早坂 毅	税理士

（出所）　『らびっと通信』等に基づき筆者作成。

勢を整えていく中で，情報センターとしての事業がまず先行して具体化された。その後，日本のNPOブームの中でNPOの支援組織の先駆者として周囲から認知され，自らもNPOの中間支援組織としてのアイデンティティを自覚し，NPO支援の事業を探索した。しかし，NPOがブームとなったがゆえにその支援事業の重要性も認識されるようになり，行政が支援施設を設置するなど積極的に介入するようになり，さらにそれに付随するように後発の中間支援組織も続々と設立されていった。

　先駆者であっても，もはやアリスセンターが市民活動支援事業でアドバンテージを保つのは難しい状況になっていた。他方で，市民活動に関わる情報を手がかりとした調査事業が組織を維持するために有効な事業となり，シンクタ

ンクという基本目的の一つはアリスセンターの中で重要性を高めていた。

　シンクタンクとしての事業が重視されるようになった様子は，アリスセンターがNPO法人化した際の理事の顔ぶれからも確認できる。表5-3は，アリスセンターの法人化前の運営委員会のメンバーと，法人化後の理事メンバーとの入れ替わりを示したものである。法人化前のアリスセンターでは，その設立を構想した横田，鳴海，緒形の人的なつながりの中で集められた運営委員会が世話役，相談役として存在していた。しかし，現場の具体的な事業が土屋や川崎らによって探索され，実践される中で，運営委員会は現場スタッフの実施する事業の承認機関にすぎない存在になっていた[26]。そして設立から10年を経て，NPO法人化する際には，こうした運営委員会のメンバーの中からではなく，アリスセンターの事業，とりわけ調査などのシンクタンクとしての事業に具体的に貢献するようなメンバーが理事に就任した。具体的には，大学の研究者，研究所の研究員，都市計画プランナーといった人たちであった。理事を追加したり，交代する際にも，こうした理事たちの紹介によることが多く，研究者やシンクタンク関係の理事が多くなる傾向は変わらなかった。

　さらに，アリスセンターの事業の柱となっていた『たあとる通信』の刊行のためには，取材したり，記事を書いたりする人材が必要だった。藤枝が事務局長となってからも，引き継ぎで川崎が来たり，ベテランの川嶋庸子をアルバイト・スタッフとしていたものの，専従スタッフは藤枝だけになっており，『たあとる通信』の刊行はかなり負担となっていた。そのため，『たあとる通信』の作成に貢献できる理事が求められるようになり，研究や調査に関係する人材が理事となる傾向は強まったのである。

　シンクタンクとしての機能はアリスセンターの基本的な目的のひとつとされてはいたが，それと最初からの基本的価値であった運動性とは常に一致するとは限らなかった。また，少なくとも事業の現場に携わる者と，日頃は大学や研究所で調査・研究に携わる者との間には，アリスセンターの中でも微妙な意識のズレが生じていた。アリスセンターはその両者が協働する場であったが，理事の顔ぶれは後者の立場の者が多くなっていたのである。こうしたアリスセンターの事業を実施する事務局と，大学や研究所に所属しながらアリスセンターに事業案を持ち込み，意思決定する理事たちとの間のギャップは，藤枝だけで

は背負いきれない状態になり，藤枝はそのことを理事会メンバーに訴えた。このときの状況について，藤枝は次のように述べている[27]。

　理事会は偉い先生たちで……。事業を見つけてきて，やることを決定するんですが，それを実際に現場でやる側ではなくて……。チームを組んで仕事をするほどのスタッフもいないので，「もし自分が倒れたらどうなるんだろう？」と不安を抱えながら懸命に仕事をこなしていました。理事さんたちが次々と代わられていって，そして自分自身もだんだん古い方になっていき。かといって自分がリーダーとして事業をやっていくというのは，そういう力が自分にはなかった……。このままやっていっていいのかなと常に思っていて……。もっといろいろなことがわかっていれば，もっとやりようがあったのかもしれないし，事務側というか，支援側でなく，現場でやる側だったらできたのかもしれないですけれども……。理事さんはみんな普段は別の仕事をされている方で，私だけが専従で。その唯一の専従がもうしんどいと言って……。たぶん，それで物理的に続けられないということになって。なので，そうせざるをえないということになったんだと思います。

　理事の方たちも前の理事に頼まれて，また次も頼まれて理事になるという形で。それぞれはご自身の専門のお仕事があるので，結局，専従でやってるのは私だけっていう形になって。その中で「やろう」というのは誰も言い出せなかったんだと思います。

　もちろん，アリスセンターの役員に就任した人びとは，アリスセンターの活動や市民活動に対する理解が深く，しかも無給でその役割を担っていた。大学，研究所，シンクタンクなどに勤務していても，市民活動の経験が豊富だったり，仕事のかたわらで現場での実践活動に携わっている者も多かった。まだ土屋が事務局長だった頃に相模川での環境保全活動をきっかけにアリスセンターのスタッフとなり，その後も川崎や藤枝を支えてきた川嶋は，その頃の様子を次のように述べている[28]。

　藤枝さんそのものは努力して一生懸命にやる方なので，どうにかできるの

かなって思ったけど，アリスセンターとしての力量はもう失くしてましたね。市民活動支援っていうのをアリスセンターが先駆的に始めてるんだけど，各行政がはじめちゃったでしょう。そうすると，一般市民っていうのは行政がやっているほうが安心して行けちゃうということがあって，それで増えていって。行政のはそこをうまく使えるしというようなことがあったと思うんですね。アリスセンターそのものの意義っていうのは，石を投げて波紋ができて，全体に広がっていったところでその役割は終わったって自分では感じたんですね。

（中略）

私たち事務局の方に，もう力がなかったんだと思うんですよ。アリスセンターを経営的に続けるにはやっぱりお金が必要なんで，それで理事の方たちが一生懸命やってくださったんだろうなと思います。

（中略）

藤枝さんが事務局長をやる頃には市民活動支援センターがあっちこっちにできはじめていて，どういう形でアリスセンターを残していくのかっていう特別な存在意義がない限りは，もうやめてもよかったかなという気はしますね。

25 周年事業と新体制

藤枝自身も理事に就任していた理事会では，アリスセンターの解散を検討することになった。そして藤枝はアリスセンターの解散について自分の前任者であった川崎にも相談した。川崎の意見は，これまでさまざまな人たちがアリスセンターを支えてきたという経緯に鑑みて，それらの人びとの意見を聞く必要があるのではないかというものだった。

しかし，川崎は藤枝の疲弊を察し，自らその機会を設けるためにこれまでのアリスセンターの関係者たちに声をかけた。そして 2012 年に「アリスセンターの 25 年を振りかえる実行委員会」が発足し，翌 13 年 5 月 18 日にアリスセンター 25 周年記念会合が開催された。またこれと連動して，25 周年の特集記事を組んだ『たあとる通信』が，2013 年 4 月から毎月連続で 4 号刊行された[29]。この 4 つの号にわたる「25 周年を振りかえる」の特集号においては，菅

原敏夫，吉田羊子，内海，川崎がそれぞれの号の編集を担い，初期の運営委員からその後の役員，スタッフ，会員，そしてアリスセンターの事業に関わった者など多くのアリスセンターの関係者が寄稿した。

　藤枝は，川崎市高津区からの受託事業であったエコシティたかつ推進事業をはじめとしたすべての受託事業が終了した 2013 年 3 月末をもってアリスセンターの事務局長を退任した。事務局の仕事は，専従職員なしで理事長だった浅尾貴之が兼務することになった。そして「アリスセンターの 25 年を振りかえる実行委員会」の中心メンバーであった川崎，菅原，鈴木健一などが新たな理事となり，内海が理事長となった。それまでの理事会メンバーからは土谷和之だけが残り，後は全役員が入れ替わった。この役員の総入れ替わりについてはとくに摩擦もなく，旧役員も納得した上で進められた。このときの様子について，旧役員であった中島智人は次のように述べている[30]。

　　アリスセンターをどうしようか，止めちゃおうかっていう話もあったんですよね。それで 25 周年の実行委員会の方にそれを委ねた。それで存続するということになって。それで今の理事の人たちですね，それと土谷さん。土谷さんだけが残って。それはもう委ねたので，その決定を受け入れて，土谷さん以外は退任をしたんですね。それは通常の退任でしたので，別に突然みんなが辞めちゃったなんていうのはなくて，ちゃんと NPO 法人としての正当な手続きで辞めていますので，別になんか仲違いしたとか，分裂したとか，放り投げたとかっていうんではなくて，議論をした結果こういう体制でっていうことで来て，それを旧理事会が受け入れて，新理事会としてアリスセンターを発足したことになるので。

　すでにワールドポーターズ内の NPO スクエアのオフィスにはスタッフはおらず，事務スペースも物置程度に縮小されていたが，理事たちが持ち回りでメールの対応をし，あとはホームページ上で「らびっとにゅうず」を発信したり，セミナーを開催するといった活動を行うこととなった。

　しかしその後，会計担当者による不正事件が発生し[31]，さらに川崎が体調を崩したり，事務を担当していた理事の鈴木が亡くなるなどの影響で運営を続け

ることが難しくなり，2022年の夏に開催された総会にて翌23年内に解散することが決められ[32]，23年7月15日に解散のための臨時総会が開かれ，正式に解散した。

　解散することがほぼ決まった頃から，記念イベントを開催してはどうかという声があがった。多くの人びとが関わったアリスセンターの35年にわたる歴史を振り返り，そこで培われたものを次世代にバトンタッチしようという趣旨である。イベントの計画には残っていた役員や会員だけでなく，これまでアリスセンターに関わりのあった人びとに声がけがなされ，実行委員会が組まれ，2023年4月22日に「アリスセンターシンポジウム　市民社会に向けた社会実験──アリスセンターの経験をバトンタッチする1日」が開催された。

　解散後はネット配信の「らびっとにゅうず」の最終号でアリスセンターの解散が広報され，解散登記，官報公告が行われた。その後，川崎が清算人となり，2024年3月5日に清算が完了し，残余財産は同月内に神奈川子ども未来ファンドに引き渡された。そしてその3月末には清算結了登記，4月には横浜市に清算結了届が提出され，すべての清算事務が完了した[33]。

注 ──────────

1　土屋（2009a）127ページ。
2　『神奈川新聞』平成15年1月1日，岡崎ひろし政策研究会（2003）209ページ。
3　以下の饗庭のプロフィール等の記述は，饗庭へのインタビューに基づく。饗庭インタビュー，2019年11月15日，於：東京都立大学。
4　『らびっと通信』No.165，No.167，1995年。
5　アリスが法人化した1999年の時点で緒形が72歳，鳴海が68歳，横田が60歳という年齢だった。
6　1998年12月23日にアリスセンターNPO法人化に向けての中間報告会が行われ，そこでの会員からの質問に対して，運営委員から以下のような回答がなされている。「運営委員はボランティア参加。運営上の要所で判断をし，その他は事務局が判断，遂行する形になっている。現状の問題点は，運営委員の権限と責任が不明確であること，費用弁償もないこと。検討委員会では，法人化に伴って，理事会メンバーに関して，①実質的に働ける人　②若返り　③費用弁償などを考えている」（『らびっと通信』234号，1999年1月20日，6ページ）。
7　饗庭インタビュー，前掲。
8　もっとも，現場との接点を持った都市計画学者としてのその後の饗庭の活躍ぶりを考えると，緒形や，饗庭と同じ時期に理事だった菅原たちはその潜在力を見抜いていたの

かもしれない。

9　当時の事務局スタッフで，アリスセンターの事務局スタッフとして最も在職期間の長かった川嶋庸子は次のように述べている。「饗庭さんはしょっちゅう事務所に来ていましたね。その他の理事長さんはそういうことはあまりなかったです。だいたい，その他の理事長さんは大学教授なんかが多かったということもあると思いますけど」（川嶋庸子インタビュー，2022 年 8 月 24 日，オンライン）。

10　饗庭（2001）13–26 ページ。

11　饗庭（2001）14 ページ。

12　Blecher（1971）（＝横浜市企画調整局都市科学研究室訳，1977）。この邦訳文献の存在については，菅原敏夫氏より情報提供を受けた。

13　都市計画の分野では「advocacy planning」は「弁護的プランニング」という訳語が充てられることがある。川崎（2005）参照。

14　事業型 NPO というのは，福祉分野の NPO などに見られるように，利用者へのサービス提供を行い，それによって何らかの形で対価を得るような事業を中心に行う NPO を指している。それに対して運動型，あるいはアドボカシー型の NPO は，サービス提供は行わず，抗議活動，啓発活動，政策提言等を中心とするものである。もちろん，事業型，運動型という分類は理念型であり，実際の NPO は混合型が多い。また，ある事業を手がけること自体が運動的な意味を持っていることも多い。

15　饗庭・石塚・川嶋・米田（2004）87–88 ページ。

16　助成番号 D02–KC–004。理事だった小島聡が代表で，単年 535 万円の助成だった。トヨタ財団（2006）174 ページ。

17　この販売コーナーは「こ・ら・ぼ」と名づけられていた。

18　株式会社横浜インポートマートは横浜市，神奈川県，中小企業基盤整備機構，マイカルらが出資するいわゆる第三セクター（公私混合体）で，ワールドポーターズではマイカルの商業施設「ビブレ」と，株式会社横浜インポートマートのテナントとが合体した商業施設フロアと，会議室や NPO スクエアなどの施設のフロアとを擁する複合施設となっている。

19　NPO スクエアは 2002 年 2 月に開設され，同年 7 月にオープン記念の催しが行われた。

20　以下の内海のプロフィール等についての記述は，内海へのインタビューに基づく。内海インタビュー，2021 年 8 月 23 日，9 月 2 日，オンライン。

21　（財）横浜市青少年育成協会は 2005 年 2 月 1 日に，（社）横浜ボランティア協会（1974 年設立）と，（財）横浜市青少年科学普及協会（83 年設立）を解散・統合し，設立された。その後，公益法人改革に伴って，2011 年 3 月に神奈川県知事より公益認定を受け，公益財団法人よこはまユースとなっている。横浜市こども青少年局資料および「公益法人 information」にて移行認定申請および答申を確認。2022 年 7 月 25 日。

22　松本は，夫の仕事の関係で横浜に来るまでは大阪で過ごしていた。大学生時代は 60年安保で学生運動を経験し，社会人となってからは，後に NIRA 研究やビッグイシュー設立を手がける佐野章二とともに地域活動を行っていた。西尾（2017）。

23　丸橋（2003）14 ページ。

24　市民セクターよこはまは，多くの団体のネットワークであったために各団体の活動

テーマ別に，食事サービス，デイサービス・サロン，事業型 NPO，精神保健福祉の 4 つの連絡会を持っていた。

25　関内イノベーションイニシアティブ株式会社は，日本 NPO センター，シーズ（市民活動を支える制度をつくる会）などで事務局スタッフの経験を持ち，2004 年からアリスの理事でもあった治田友香が起業家支援財団の事務局長を経て，10 年 12 月に設立した起業支援やコンサルを事業とする会社。

26　土屋インタビュー，2021 年 8 月 22 日，オンライン。

27　藤枝香織インタビュー，2021 年 8 月 25 日，オンライン。

28　土屋インタビュー，前掲。川嶋インタビュー，前掲。

29　『たあとる通信』37 号（2013 年 4 月），38 号（13 年 5 月），39 号（13 年 6 月），40 号（13 年 7 月）。

30　中島智人インタビュー，2022 年 8 月 16 日，オンライン。

31　アリスセンター　ホームページ「ご報告とお詫び」2015 年 1 月，alice-center.jp/wp/?p=627，「2014 年・元理事による不正事件のご報告とお詫び」2015 年 2 月 2 日，alice-center.jp/wp/?p=633，2022 年 9 月 14 日確認。

32　「アリスセンター 2022 年度事業計画書」の事業概要で，「アリスセンターの 2022 年度（2022. 8 〜 2023. 7）は，1988 年に発足し 1998 年の NPO 法人化を経て，34 年間活動してきたアリスセンターの最後の年とします」とされている。アリスセンター　ホームページ，2022 年 11 月 20 日確認。

33　清算人になっていた川崎あやからアリスセンターの旧会員に向けて発信されたメール「アリスセンター清算結了のご報告」2024 年 5 月 19 日。

第**6**章

おおぜいのアリスたち

1 播磨靖夫の基調講演

　解散を決めたアリスセンターは，2023 年 4 月 22 日に「アリスセンターシンポジウム　市民社会に向けた社会実験——アリスセンターの経験をバトンタッチする 1 日」と題するシンポジウムを開催した。アリスセンターの 35 年を振り返りつつ，市民の活動が求める市民社会像や，市民社会に向けてのこれからの活動などを考える 1 日とすることを目的とするというものであった。そのオープニングを飾ったのが，奈良のたんぽぽの家の播磨靖夫だった。実は，アリスセンターの設立のシンポジウムで基調講演を行ったのも播磨だった[1]。アリスセンターの公式的な行事は，播磨の講演にはじまって，播磨の講演で閉じることになったのである。

　それ以外で播磨がアリスセンターに直接的に関わることはなかったが，播磨の最初の講演はアリスセンターのメンバーに大きなインパクトを残していた。それはその講演で播磨が提起した「市民法人」というものが，その後に NPO 法の成立である意味で実現されたことや，その NPO がはたして初期にめざされた「市民法人」の理念を実現するものなのかなど，アリスセンターの法人化の際などたびたび話題にされていたのである。

　播磨の講演の中で「市民法人」というものの具体的な青写真が示されたわけではなかったが，たんぽぽの家の活動がこれまでの運動のようにインテリ，政

党，労働組合などにけん引されたものではなく，母親たちと有志が対等な立場で，さまざまなサポートを獲得しながら展開されたことが紹介されたのである。播磨は自分たちがそれまでやってきたことはネットワーキングだったとも述べている。

　播磨は 1973 年にたんぽぽの家を設立した。体の不自由な子どもたちが養護学校を卒業した後も，生きがいをもって生活できる地域に開かれた自立の家をと，親たちといっしょにつくったたんぽぽの家は，「わたぼうしコンサート」やエイブル・アートなどを展開し，海外にもその名をとどろかせた。また播磨は日本青年奉仕協会（JYVA）の発行する『グラスルーツ』の編集を担ったり，リップナック゠スタンプスの『ネットワーキング』に触発され日本ネットワーカーズ会議を主導したり，さらに日本 NPO センターの代表も務めたりと，ボランティアや市民活動の世界を代表する一人となっていた。そうした実践活動の中から示された「市民法人」というあり方は，市民運動体から事業活動を伴う市民活動団体へという新しい動向の中で非常に示唆的だったのである。もちろん，1988 年のアリスセンターの発会の時代にはまだ NPO や中間支援組織という言葉はなかった。

　アリスセンター解散シンポジウムでは，播磨は今日の市民活動の停滞に触れながら，今後の社会と個人との関係について，以下のような示唆的な話をしている[2]。

　ソーシャル，社会的とはどういうことなのかというと，簡単に言えば，弱いひとを守るということです。これがなくなっている。ちなみに僕も社会福祉法人の理事長ですけども，社会福祉法人って全国にすごくいっぱいありますよ。でも，だいたいは社会が抜けているんですよ。福祉法人なんです。サービスだけをやればいいという。社会は消滅している。これは良くない，ということで，われわれは細々ながら子ども食堂を展開して今いろいろやっていますけど，社会と向き合っていくという，そういうことがどんどん消えている。

　社会というのは，よく言われるんですけどね，「みんな」ということが社会といわれる。あっちこっち，いまキャッチコピーでも，「みんなのなんと

播磨靖夫（2006年8月，たんぽぽの家にて。筆者撮影）

か」とか，「みんなのレストラン」とか，「みんなのホテル」とか言われていますけどね。「みんな」じゃないんですね。一人ひとりなんです，社会は。一人ひとりなんです。つまり，一人ひとりということを強調すれば，さっき言った個人主義になります。でも，個人主義を徹底していけば，社会はバラバラになります。開かれた一人ひとりの，ひとりを開いていくことがやっぱりわれわれの非常に大事なことじゃないかと思いますね。いま，この「一人ひとりの」というと，バラバラなということで話をしましたけど，コミュニティというのがそうですね。コミュニティというのは，ある意味では排他的であったり縛ったりするような面がありますけど，お互いのことを知っているというコミュニティは，それらに力がある。このつながりの価値を通して，つながりの回復をしていく。そして人びとが心を回復させるという，こういうことが大事ではないかと。

播磨は，「みんな」という言葉に疑問をなげかけ，社会とはひと塊の「みんな」ではなく，一人ひとりがつながった状態であると強調している。開かれた

一人ひとりがつながっている状態をめざすべきだとしている。1980 年代に
ネットワーキング概念に触発され，実践を重ねてきた播磨の基本的な考え方は
35 年を経ても変わっていない。むしろ，障害者といっしょになって実践を継
続する中で，その思想はさらに明確なものとなっている。播磨は同じ講演で次
のようにも述べている。

　この地球上で生きているのは人間だけじゃないということですね。多様性
がある。また，われわれも人間社会の多様性の尊重が大事だというのが，こ
ういうことだと思うんですね。一人ひとりが異なる存在であること前提です。
人びとが数で一括りにされるところに多様性はない，ということなんですね。
僕が障害者アートをやったら，もう障害のある人が描いたらみんな違います。
一人ひとりが個性的です。それが人間なんですね。多様性の尊重，いろんな
LGBT とか，いろんなところで，いま多様性の尊重を言われてますけども，
ここはひとつの鍵で，多様性がなぜ大事かというと，もちろんいろんな生き
物がつながり合って生きることが大事だということと同時に，多様性はクリ
エイティビティを持っている，創造性を持っているということですね。これ
をやっぱりしっかりと確認しておく必要がある。

　播磨たちの活動は，障害者の運動の世界では軟弱なものと批判されたという。
障害者の運動の中には家族や支援者とともに過激な活動に走るものもあった中
で，たんぽぽの家では音楽やアートという文化的な活動に力を入れ，抗議型の
活動は行わなかったからである。しかし，障害者の運動に限らず既存のトップ
ダウン式の運動体は結局は姿を消していった一方で，自分たちは残ったといい，
それは「強いリーダーが不在で，対等な個人が横につながり，それぞれの生活
史や価値観を大切にした運動」[3] だったからだと播磨は指摘している。
　播磨はアリスセンターの活動自体に関わることも，また論評することもな
かった。しかし，35 年で幕を下ろしたとはいえ，市民活動団体としてはその
活動期間は長かったし，何より専従職員が常駐した事務所を有しながらそれだ
け継続されたことは特筆に値するだろう。その間にアリスセンターが関わった
活動，生み出した文書，輩出した人材は膨大なものである。播磨がアリスセン

ターの行事の最初と最後に登壇したのも偶然ではないだろう。ネットワーカーズ会議や日本青年奉仕協会（JYVA）などでアリスセンター設立に関わった者との接点などもあったと思われるが，なによりもアリスセンターの構想に共感したからこそ登壇の求めに応じたのだろう。

　市民によるさまざまな自発的活動をつなぐ情報センターというアリスセンターの構想は，多様な主体が対等につながるというネットワーキングの概念に共通したものだったのである。

2　おおぜいのアリスたち

　生活クラブの横田が最初の構想を立て，緒形と鳴海でその実現が進められたアリスセンターは，「もうひとつの，いきいきとした，わかりやすい地域社会と環境づくりのための基地」という緒形が示した理念を英語化し，その頭字語から生まれた「アリスセンター」を通称とした[4]。この通称が，「まちづくり情報センターかながわ」という正式名よりむしろ人びとに知られるようになっていった。

　また，スタッフたちも「アリスセンター」をさらに略して「アリス」という言い方を通常としていた。ルイス・キャロルの作品とは偶然の一致にすぎなかったが，「アリス」という通称は愛され，『らびっと通信』はじめアリスセンターの作成するものには『不思議の国のアリス』のキャラクターのイラストなども盛んに用いられた。とりわけ，土屋や川崎をはじめ，アリスセンターの現場を支えるスタッフの多くが女性であったこともそのイメージを強めたと思われる。市民活動に関わる人びとにとっては，アリスセンターといえば土屋真美子，川崎あや，川嶋庸子，綿引幸代，山口郁子，平岩千代子，藤枝香織，谷本有美子，水谷衣里等々の女性たちの顔が浮かぶ。アリスセンターの名前の由来があまり紹介されることがなかったこともあり，多くの人たちは『不思議の国のアリス』に由来する名前と考えていたかもしれない。そしてその主人公のアリスとアリスセンターで活躍する女性たちとはイメージが重なっていたかもしれない。そのことがアリスセンターのスタッフたちを，アクティブな女性として憧れの目で見るフォロワーたちを生み，いわゆる中間支援組織で活躍する女

性たちが増えていくひとつの要因となったと思われる。

　たとえば，学生時代から日本 NPO センターでボランティアをし，大学院生時代にはアリスセンターでもボランティア・スタッフをしていた水谷衣里は，後にはアリスセンターの理事にも就任したが，アリスセンターの門を叩くことになった経緯を次のように述べている[5]。

　大学を卒業して，大学院に入学するため 3 月末に東京に引っ越しました。入学して 2 〜 3 週間ぐらい経ったときに，アリスセンターに自分で電話したんです。

　もともと私は大学 1 年生の頃から日本 NPO センターでボランティアをしていました。その頃，日本 NPO センターは「NPO 全国フォーラム」を毎年開催していたんです。私は札幌や広島など，全国各地で開催されるフォーラムに，毎年毎年ボランティアとして何とか交通費を貯めながら行っていました。

　そのときにアリスセンターというものの存在を知ったんです。ボランティアとして繰り返しイベントを手伝っていたときに，川崎あやさんが何かのフォーラムに登壇されていて。確か NPO の中間支援組織のあるべき姿とか，政策提案みたいな話をしてたと思うんですよね。

　私は当時，地方都市で地域活動もしていたんですが，「若い女の子がやっている」というだけで変に目立ってしまうし，色々なことを言われることもあったんです。自分にとっては大事な経験だったんですが，活動する中で自分の未熟さも経験して，このままじゃいけないなと思うこともたくさんあって。そんな経験から「ちゃんと自分たちで政策を考えるとか，交渉する力が必要だな」と思っていたんです。そういうときに川崎さんがみんなの前で喋っているのを聞いて，とても印象に残りました。

　それにアリスセンターって不思議な名前じゃないですか。それもあってなんとなく気になったんだと思います。で，東京で暮らしはじめたらボランティアしてみたい，と思って，パンフレットを手元に残していました。それで「アリスセンターでボランティアできないか相談したいんですけど，どうしたらいいですか」って電話したんです。

3　バトンタッチ

　「市民社会に向けた社会実験——アリスセンターの経験をバトンタッチする1日」と題された解散イベントでは，3代の事務局長が揃って登壇したり，最初からの運営委員会のメンバーであった佐野充や，緒形の後を継いで2代目の理事長になった饗庭伸たちがセッションの進行を担当したりと，アリスセンターのこれまでの関係者が数多く参加した。しかし，そうした古くからの関係者や会員ばかりだと，昔をなつかしむだけの同窓会に終わってしまうという懸念があり，若い世代にも参加してもらい，これまでアリスセンターが経験したこと，培ったことを次の世代にバトンタッチするような場になることが企図された。

　それには，アリスセンターがどのようなことをやり，どんな教訓を残すことができるのかを改めて整理する必要があった。こうして実行委員会では解散イベントの運営に関しての協議だけではなく，アリスセンターのこれまでの活動の振り返りが行われることになった。

　この実行委員会は，その時点での役員を中心として，そこに会員やこれまでアリスセンターと関わりのあった人たちが加わり，20名ほどのメンバーとなった[6]。

　実行委員会の準備や世話については，理事で川崎市の職員であった岡田実が担った。岡田もまた自治体職員でありながら，初期からのアリスセンターの会員だった。アリスセンターのこれまでの活動を振り返り，整理する作業は，その活動期間の長さや活動の多彩さを考えれば，多くの時間を割くべきところだったが，実行委員会メンバーのそれぞれが自分の仕事を抱えているということもあり，なかなか会議を頻繁に開催するわけにはいかなかった。そのため，実質的には1回の運営委員会の中で，オンラインによるワークショップによってまとめが行われた。このワークショップは饗庭が中心となって進められた。その結果として，「30の技術と14の提言」が抽出された[7]。そしてこの解散シンポジウムは，この14の提言を骨組みとしてセッションが組まれた[8]。

　この30の技術は，アリスセンターが35年の中でどういう活動を行ったのか

市民社会に向けた社会実験

～アリスセンターの経験をバトンタッチする1日

アリスセンターシンポジウム

　まちづくり情報センターかながわ（アリスセンター）が 1988 年の設立時に掲げたミッションは、「①課題解決を市民自らが担う自治型の地域社会をめざす、②市民がまちづくりの主体となるための手法やシステムの開発し、社会環境整備に関する提案を行う、③地域における市民の活動やまちづくりのための実践・政策提案を支援していく。」ということでした。

　設立から３５年を経て、市民を取り巻く社会は変化してきましたが、市民の暮らしの問題点、解決しなければいけない課題が多々存在するということは変わっていません。アリスセンターが取り組んできたことは、市民社会に向けた社会実験でもあり、私たちはいまだに社会実験の途上にあります。

　このシンポジウムでは、アリスセンターを解散する前に、アリスセンターがめざしたもの、産み出してきた市民社会の技術、発信してきたことを振り返り、伝えつつ、今後の市民活動や NPO の役割を再検討し、市民主体の社会創造への道のりを皆さんと一緒に考えます。

●日時
2023 年 4 月 22 日（土）10 時から 20 時
（受付 9 時 45 分から）
　午前＝セッション１、午後＝セッション２、セッション３、夜＝懇談会

●会場
　川崎市総合自治会館大会議室（川崎市中原区小杉町 3-600 コスギサードアベニュー４階）
　JR 南武線武蔵小杉駅（西口）、東急東横線・目黒線武蔵小杉駅（南口）から徒歩２分
　JR 横須賀線武蔵小杉駅（新南改札）から徒歩 10 分、駐車場はなし
　※Zoom で情報発信します

●参加費（会場代・資料代等）
　一般 3,000 円（学生無料）、オンライン参加 1,000 円（学生無料）、懇談会 1,000 円

- ●申込み　Peatix から申込み　https://alice-center.peatix.com
- ●主催　特定非営利活動法人まちづくり情報センターかながわ
- ●共催　アリスセンターの経験をバトンタッチする１日実行委員会

解散イベントのチラシ

を振り返ったもので，中にはアリスセンターが正式に立ち上がる前のパソコン通信ホストの事業（ワンダーランド・かながわ）を振り返るものなども見られる。大手通信機器メーカーに勤め，その後退社し，すでに設立していたNPO法人アクト川崎として川崎市地球温暖化防止活動推進センターを担った竹井斎は，その当時のことを以下のように振り返っている[9]。

　まちづくり情報センターかながわ（アリスセンター）の設立は1988年。日本でパソコン通信サービスが始まったのもこの頃。

　Nifty-serve，PC-VAN の大手のほか，中堅どころもいろいろ。その一つに，日経MIX（にっけいミックス）があった。掲示板ではなく，電子会議室というシステムだった。オフラインと称して，集まってはいろいろ，遊ばせてもらった。次に地域ごとのパソコン通信も始まっていった。有名なのは大分のCOARA。

　日経MIXで仲良くなった何人かの横浜のメンバーが，神奈川でも始まるというので遊びに行こう，というか，システムのお世話をしていこうという感じで行ったのが，アリスセンターの事務所。たぶん，これがアリスセンターとの出会いだったのだろう。

　ちなみに始まっていた地域BBSは「ワンダーランド・かながわ」，略して，「ワンかな」。アリスセンターとか，ワンダーランド・かながわとか，ネーミングは誰がしていたのだろー??　聞いたような気もするが，忘れてしまった。

　そこに行くと事務局の人たち，ちょっと，フィクサーみたいな奥にでーんと座っている人，そして，何より，いろんな人が出入りしている雰囲気が面白かった。勉強会のようなのもあり，なんか，新しい活動しているという雰囲気が魅力的だったのだろう。

　目が不自由な人が読み上げソフトを使ってパソコン通信を行ったり，手が使えない人が口に「棒」?　をくわえて，文字を入力したりして，コミュニケーションしている「ピアネット」は衝撃的というか，インパクトを感じた。もともと，文字ベースでコミュニケーションしていくパソコン通信は，新たなメディアとして新しい参加を生み出すものであったが，そのことを実現したものであろう。

川崎でも地域のネットを作ろうと，皆で KITTY-NET を立ち上げた。キャンパス都市構想もからんでいたのかな。今でいえば，SNS を自前で作っていくというものかな。全国でそんな動きが始まっていた。会員 1000 人を目指そうと，1000 人委員会という「部屋」も作ったんかな。

　1984 年に翻訳出版された，リップナックとスタンプスによる『ネットワーキング』。何か，新しい市民活動が始まるんだ，みんなで参加していこうとワクワクしたものである。アリスセンターは，それを形にしていったのではないだろうか。

　アリス・シンポジウムのキーアイテムは「アリスセンター 14 の提言（何を目指したのか）」。その一つが「3 ネットワークが社会を変える」。個のネットワーク，組織のネットワーク，ネットワークのハブ。そんなことが新鮮で，楽しく遊べたのが，アリスセンターだったんだろう。

　設立するにあたって横田，緒形，鳴海などによって構想されたイメージはあったが，実際にアリスセンターが動き始めると，さまざまな人びとがそれぞれの動機やきっかけからアリスセンターに関わり，そこで自分なりの関心に基づく活動を実践した。「いろんな人が出入りしている雰囲気が面白かった」といった竹井の感想は，アリスセンターに関わった他の人びとからも聞かれた。岡田実と同じくアリスセンターの初期の頃から関わり，最後のシンポジウムでは会場の手配などを担当した川崎市職員の中村茂も，次のように述べている[10]。

　ちょうど私が，より直接，まちづくりに関わりたくて，民間企業から自治体に転職しようとしていた時にスタートしたアリスセンター。1988 年の当時は，川崎市役所，横浜市役所や神奈川県庁の若手職員のたまりば的な場所になっていて，自治体職員はもとより，様々な市民活動に取り組んでいる方や政治に関わる方，労働組合，生活協同組合関係者，学識者など，まさに多彩な人たちが集う対話の場となっていました。

　その後，日本の市民社会を切り拓いてきた先駆者として，地域社会の様々な課題に向き合い，いくつもの壁をしなやかに乗り越え，数々の実験を展開し，政策提言や新たな制度開発にチャレンジし続けてきたアリスセンターは，

確実に地域社会を組み換え，環境，人権，福祉，教育など，多様な領域における課題を社会正義で克服しながら，地域からの民主主義の再構築と豊かな市民自治への道筋を照らし続けてきました。

中村が振り返っているように，いろいろな立場の人びとが，あるときはギャラリーとしてアリスセンターの様子を覗きに，あるときは自分の立場から活動の打ち合わせに，あるときは暇つぶしにアリスセンターに出入りしていた。物理的なロケーションとしても，ただ交通の便が良かっただけでなく，庁舎，新聞社，神奈川県地方自治研究センターなどから歩いて行けるという絶好のロケーションにあった。それらの人びと自身が，アリスセンターというワンダーランドを形成していたのである。

竹井は「いろんな人が出入りしている雰囲気が面白かった」と述懐するが，その竹井たちは，アリスセンターに出入りするその他の人びとの目には，当時では一部の間でしか利用されていなかったパソコン通信を趣味とするめずらしい人たちと映ったに違いない。

そうしたアリスセンターに出入りし，ワンダーランドを形成していた人びとが「アリス」だったのではいだろうか。土屋，川崎，藤枝らの事務局長それぞれも，そして緒形も「アリス」だったのであり，水谷も竹井も中村も，それぞれが「アリス」としてアリスセンターというワンダーランドをつくっていたのである。そうした，おおぜいの，それぞれの「アリス」がつくったアリスセンターは，その時々にそこにいた「アリス」によって姿を変えたのである。それがアリスセンターというワンダーランドの秘密だったのではないだろうか。

注 ────────

1　播磨靖夫「市民法人の可能性」1988 年 5 月 21 日（アリスセンター発会式基調講演），『らびっと通信』第 4 号，1988 年 6 月 20 日，1-4 ページ。

2　播磨靖夫「『小さき声』を集める意味──多様性と包摂性のある社会をめざして」アリスセンターシンポジウム基調講演，2023 年 4 月 22 日（於：川崎市総合自治会館大会議室）。

3　アリスセンター発会式における播磨の講演（1988 年 5 月 21 日）。

4　巻末の資料 3 のアリスセンターの最初の案内パンフレット参照。

5　水谷衣里インタビュー，2022 年 10 月 25 日，オンライン。

6 実行委員は以下のとおり。饗庭伸，内海宏，岡田実，川崎あや，木村純一，佐野充，嶋田繁，菅原敏夫，鈴木智子，竹井斎，田代美香，土屋真美子，中島智人，中村茂，原美紀，藤枝香織，松尾敏行，吉田忠彦，吉田洋子，山田修。また，イラスト協力として勝野真美。

7 巻末の資料2「アリスセンター 30 の技術」参照。

8 シンポジウム「市民社会に向けた社会実験──アリスセンターの経験をバトンタッチする1日」次第。

9 竹井斎，フェイスブックへの投稿（2023 年 4 月 17 日），2023 年 11 月 8 日確認。

10 中村茂，フェイスブックへの投稿（2023 年 3 月 27 日），2023 年 11 月 8 日確認。

終 章

乗りものとしての組織

1　個人の乗りものとしての組織

　初期のアリスセンターにおいては，月に2回の『らびっと通信』の発行，市民活動の事務局業務，委託調査など，3人のスタッフが事業を探索しながら軌道に乗せていった。それにしたがって，設立に関わったメンバーや運営委員会のメンバーのアリスセンターへの影響力やコミットは低下していった。一方，3人のスタッフはアリスセンターという組織を支える事業へのコミットが高まり，生活クラブや選挙運動との関わりは薄くなっていった。アリスセンターの事業を模索する中でファイバー・リサイクル事業，アースデイなどの市民活動との関わりの幅を広げていったが，同時に委託事業などを通じて自治体との関係も広がっていった。

　ちょうど自治体の中でも自主研究や自治体学会など職員の自発的活動が活発化しており，日本ネットワーカーズ会議に参加する神奈川県の職員や，横浜市，川崎市などの職員も頻繁にアリスセンターに出入りするようになっていた。その中には，後にアリスセンターと共同で神奈川子ども未来ファンドを立ち上げるパブリックリソースセンターの代表の久住剛[1]や，かながわ県民活動サポートセンターの設立にも関わり，アリスセンターの25周年事業後の理事会のメンバーとなり事務局を担った鈴木健一などもいた。また，アリスセンター最後の理事会のメンバーとして残った川崎市の職員の岡田実，中村茂や，我孫子市

職員の嶋田繁などもいた。

　そして 1999 年にアリスセンターが NPO 法人化した際には，これまでの運営委員会メンバーは緒形昭義を除いては役員に残らず，その若返りが図られると同時にシンクタンクや大学の関係者などが多くなっていった。さらに委託事業がアリスセンターの財政を支えるものとなるにつれて，それに貢献することが期待される人材が追加されていった。

　築雅之は大学教員となってアリスセンターを去り，土屋真美子はブームのように設立されていく NPO やその流れに乗って NPO の世界での覇権を握ろうとする人びとに違和感を覚え，アリスセンターを去った[2]。そして川崎あやは，むしろそうした NPO ブームや中間支援組織が普及する流れを利用しながらアリスセンターのミッションを追求しようとしたが，景気が陰りを見せる中で行政からの委託事業も減り，家庭や自分自身の健康上の問題もあり，やはりアリスセンターを去ることになった。

　築は大学教員の道に進んだが[3]，土屋と川崎はその後も市民活動の世界で活躍した[4]。川崎の後を引き継いだ藤枝香織は，公募で選ばれた事務局長だった。幼い頃に海外生活を経験し，大学卒業後は ODA 関係の団体で仕事をしていたが，結婚して子育てをするタイミングで転職を決意し，子育てへの関心から神奈川こども未来ファンドに興味を持ち，その関係団体だったアリスセンターの事務局長公募を知った。それまではアリスセンターのことはあまり知らなかったし，また市民活動の現場についても具体的なことは知らなかった。それでも藤枝がアリスセンターの事務局長に選ばれたのは，その経歴や採用時の面接やグループ・ディスカッションでの様子から，適性や能力が評価されたからであった。

　しかし，事務局長だった川崎の方は家族の世話に翻弄されていたために，アリスセンターの事務局の仕事の引き継ぎも最低限のものにならざるをえなかった。藤枝は，川崎やアリスセンターの古くからのスタッフであった川嶋庸子に同行して市民運動の現場に足を運ぶ機会があったが，それはカルチャー・ショックを受けるような経験だったという[5]。実際の市民運動の現場は，これまでの ODA 関係の仕事とは異なる世界であると感じさせるものだったのである。

　藤枝は事務局長として７年にわたってアリスセンターを切り盛りしたが，財政状況が厳しさを増す中で，川嶋やアルバイト・スタッフはいたものの，専従スタッフとしては一人で事業をこなしながら，やがてそうした職務状況に限界を感じてアリスセンターを去ることになった。しかし，アリスセンターでの仕事を通じて市民活動支援の仕事に魅力を感じ，その後は別の組織で活躍することとなった[6]。アリスセンターの事務局を担ったメンバーは，それぞれアリスセンターでの経験を糧として次の場所で活躍するようになったのである。藤枝はアリスセンターでの経験について次のように述べている[7]。

　アリスでやっていたおかげで，中間支援組織の世界で活躍されているほとんどの人たちにお会いすることができましたし，仕事についても「アリスセンターです」と言えば，どこへ行ってもいろいろお願いすることができたし，原稿を書いていただけるし，また依頼もしていただけるし。よくわからないところから入って未熟だったんですけれど，いろいろなことを吸収させていただいたということはあって……。何かアリスセンターは私にとっては学校みたいなところだったなと思うんですね。

　アリスセンターでの経験をその後のキャリアに活かしたのは，専従スタッフだけではなかった。役員やアルバイトでアリスセンターに関わった人びともまた，そこでの経験をその後の活動の糧とした。日本でNPOやサポートセンターが急増する中で，アリスセンターはその先駆者と目されていたために，そこで自分のキャパシティー拡大を意図してアリスセンターに関わろうとした者も多かった。大学院に在学しながらアリスセンターのアルバイトなどのスタッフになる者もいた。その後シンクタンクやまちづくりのコンサルとして活躍するようになる者，大学教員になる者[8]，そしてさまざまな市民活動に関わる者など，アリスセンターは多くの人材を輩出した。
　アリスセンターを通過していった人びとの中にはアリスセンターに対して特別な思いを持つことなく，あまりコミットもしなかった者もいた一方で，アリスセンターの外にありながらアリスセンターと関わりを持ち，影響を及ぼした者もあった。かながわ県民活動サポートセンターや基金21を生み出した岡崎

知事や，それらの実際の運営を担った椎野修平などは，場面によってはアリスセンター関係者と対立しながらもアリスセンターに影響を及ぼした。

　また，それらの人びとの側でも，アリスセンターやその他の市民活動団体から影響を受けた。たとえば，かながわ県民活動サポートセンターを担当していた椎野は，アリスセンターがそうした県による県民（市民）活動支援事業に対してアドボカシー活動を展開した際に，県側の担当者として対応していたが，その当時のことを振り返って次のように述べている[9]。

　　県民活動サポートセンターで相談員やアドバイザーを置くっていう話のときも，やっぱりアリスセンターがいなかったら，何十人っていうそれをやってくれる NPO の人を集める手づるもなかったわけです。それから 5 年目に，かながわボランタリー活動推進基金21 をつくるときにアリスが，やいのやいのと……。鈴木健一（当時は神奈川県職員——筆者注）なんてアリスセンター側について，やいのやいのってやられて。けっこう大騒ぎになったんですよ。とくに協働事業にお金を出すという話があったもんで，えらく期待をして。100 億円の基金の事務局をやらせろって言い出したんですよ。でも，さすがに無理だと。じゃあ協働でやらせろって話になって。それも無理だって話になったら大騒ぎになって，もう大変だったんですが……。

　　だけどその中で，なんていうんですかね，飛行機のスタビライザーっていうんですかね，多分うちらだけでやってたら右に行き過ぎちゃうところを，左への舵をとって真っ直ぐに行くような役割を果たしてくれたなとは思ってるんですよ，今では。じゃないと，これでいいと思って行っちゃってるときに，修正が効かないですよね，自分たちだけだったら。かなりこのへんでガタガタあったから，こう行かないで，何とかこういうふうに行ったなという気はありますよね。そういう意味では感謝してますけどね。

　椎野は，かながわ県民活動サポートセンターを担当していた頃から日本NPO 学会や市民活動に関するイベントなどに積極的に参加し，神奈川県職員の仕事を終えた後は日本 NPO センターの特別研究員となって，NPO や中間支援組織と行政とをつなぐセミナーや市民活動支援施設の調査などを担当した。

「その当時は胃に穴が開く思いだった」というアリスセンターとの激しいやりとりの経験や，岡崎知事の下で県民活動支援事業を担当したことが，椎野のその後の人生に大きな影響を及ぼしたのである。

　アリスセンターという組織は，時間の流れの中でさまざまなバックグラウンドや意図を持った人びとが乗り降りしたり，伴走したりする乗りもののようなものであった。それに乗り合わせたメンバーは，それぞれのバックグラウンドや意図を持ちながら，メンバー間そして周辺で伴走する人びとと相互作用を繰り返し，アリスセンターという乗りものやその活動の意味づけを行っていた。また，その意味づけは，乗りものに乗るメンバーや周辺で伴走する人びとの入れ替わりによっても変化したのである。

2　制度，ロジックの乗りものとしての組織

　神奈川県の積極的な市民活動支援施策は県内外の自治体に影響を及ぼし，そのことがまたアリスセンターにも影響を及ぼした。市民セクターよこはま，神奈川子ども未来ファンド，パブリックサポートセンターなどの団体は，アリスセンターと共同で事業を行ったり，牽制しあったりしながらアリスセンターに影響を及ぼした。

　あるいは，アリスセンターに触発された市民活動支援組織や，逆にアリスセンターに影響を及ぼした市民活動支援組織もあった。たとえば，せんだい・みやぎ NPO センターは，地域の市民活動支援組織として先駆的な取り組みを行い，中間支援組織のモデルのひとつと目されるようになるが，メンバーはその設立前からアリスセンターと交流を持っていた。もともとはアリスセンターが事務局を担っていたファイバー・リサイクル・ネットワークの視察で土屋らが仙台を訪れ，そこで加藤哲夫が経営していた「ぐりん・ぴいす＆カタツムリ社」を訪問したことがきっかけだった[10]。その後には加藤や紅邑晶子らが設立した[11]「せんだい・みやぎ NPO センター」をアリスセンターとして訪問し，アリスセンターの設立 10 年の記念フォーラムには加藤をパネラーとして迎えている[12]。また，アリスセンターのスタッフが，せんだい・みやぎ NPO センターのスタッフとして転出するなどのつながりもあった。当時の事務局長の土

屋をはじめ，アリスセンターのメンバーはせんだい・みやぎ NPO センターに刺激を受けたが，せんだい・みやぎ NPO センターの側でもアリスセンターは目標とする存在だったという[13]。

日本 NPO センターは，シーズとともに NPO 法成立に向けた運動の推進体のひとつとなっていたが，アリスセンターをはじめとする各地の市民活動支援組織をその運動に巻き込んだ。この運動のプロセスにおいて，地域のキー・パーソンや団体が市民活動支援組織に集結していった例も多かった。この点については NPO 法成立や日本 NPO センター設立の運動の中心の一人であった山岡義典が次のような指摘をしている[14]。

　NPO 法を成立させる活動の中で，全国の地域の主要な団体に協力を仰いでそれぞれの地域の市民活動の声をまとめてもらったが，それが各地の中間支援組織のベースとなった。また，NPO 法の中に特定非営利活動として助言や支援の項目を入れたことも大きかったと思う。それがその後の中間支援組織の発生を促すことになったと思う。

アリスセンターも NPO 法成立のための運動に参加し，その中で日本 NPO センターとの関係ができ，NPO 支援組織の先駆として位置づけられるようになった。日本 NPO センターによるアリスセンターへの注目は，NPO 支援組織のパイオニアとしてのアリスセンターの存在を全国的なものにした。しかし，アリスセンターについては，山岡が指摘するような NPO 法成立をめぐる運動がその設立の契機となったわけではない。アリスセンターは 1995 年の阪神・淡路大震災後に本格化した NPO 法成立のための運動が起こるより約 10 年前に設立され，手探りしながら事業活動を行ってきたのである。つまり，サポートセンターや中間支援組織という制度やその土台となるロジックは，アリスセンターの中で接ぎ木のように後から加えられたのである。あるいは，アリスセンターの中でそれらがすり合わせされながら取り込まれたのである。

組織は，制度やそのロジックに影響を受けながら，活動や自らの構造を選択する。アリスセンターの場合には，最初の構想に緒形による対国家的な市民運動のロジックや，生活クラブの運動としての事業というロジックが投入されて

動き出した。しかし，スタッフや事務所を抱えた組織として事業が模索されるようになると，組織を維持させること（食っていくこと）がもうひとつの重要な課題となり，アナキスト的な緒形や，市民運動のあり方を純粋に追求しようとしていた須田春海の忠告にも反発し，委託事業を積極的に受け入れるようになっていった。そして日本の社会の中でNPOやサポートセンターが注目されるようになると，その制度化の流れに乗るようになっていった。しかし，それはこれまでのアリスセンターの中の市民運動のロジックが，NPOやサポートセンターのロジックに入れ替わったというよりは，アリスセンターはその両者のズレを知覚しながら，うまく使い分けをしようとしていたのである。川崎の「中間支援組織の服を着る」という比喩は，まさにそれを示すものだった。

　つまりアリスセンターという組織は，市民運動，NPO，サポートセンター，あるいは中間支援組織などの制度やその核となるロジックを取り込み，かつ場面によってそれらを選別しながら事業やそのあり方を通してそれらのロジックを発現させていたのである。アリスセンターにとって市民運動をはじめとした制度やそのロジックは，自らのアイデンティティを見出し，事業を探索する拠り所であっただけでなく，それらを自らの中に重層的に取り込みながら，事業やそのスタイルを通じて自らのアイデンティティや解釈を投げかける対象でもあった。時代の流れを睨みつつも，自らのアイデンティティを見失わないようにしながら，手がける事業や機関誌などを通じて，「NPO」，「中間支援組織」などの制度化の流れに対して発信していたのである。そうしたアリスセンターのあり方が，NPO，サポートセンター，あるいは中間支援組織などの制度化の流れに影響を及ぼしていたのである。

注 ―――――――――

1　パブリックリソースセンターは，2013年1月に公益財団法人パブリックリソース財団となり，久住は理事長となっている。パブリックリソース財団ホームページ https://www.public.or.jp/about，2024年7月3日確認。

2　土屋真美子インタビュー，2021年8月22日，オンライン。

3　築はインタビュー時点（2022年8月19日）で高崎商科大学の副学長，本稿執筆の時点（2024年8月）で同大学学長に就任している。

4　本稿執筆の時点（2024年8月）で，土屋はアリス時代に手がけたファイバー・リサイクル事業や里山を中心とした地域資源の発掘を行う一般社団法人地域資源発掘

ASAA の代表理事，NPO 法人まちぽっとの理事などを務めている。川崎は，一般社団法人インクルージョンネットかながわの代表理事として生活困窮者自立支援の活動を行いながら大学の非常勤講師も務め，単著も刊行した。

5 　藤枝香織インタビュー，2021 年 8 月 25 日，オンライン。

6 　藤枝は本稿執筆の時点（2024 年 8 月）で，一般社団法人ソーシャルコーディネートかながわ（ソコカナ）の副理事長，日本 NPO センターの理事などに就任している。

7 　藤枝インタビュー，前掲。

8 　たとえば，東京大学の大学院で生活クラブなどの市民運動を研究していた藤井敦史は，アリスセンターの活動に関心を持ち，自ら進んでアルバイト・スタッフとなった（藤井敦史インタビュー，2022 年 11 月 2 日，オンライン）。その後，東北大学への着任が決まりアリスセンターを離れ，現在は立教大学の教授となっている。また，立命館大学教授となっている秋葉武も同時期のアルバイト・スタッフだった。

9 　椎野修平インタビュー，2019 年 3 月 14 日，日本 NPO センター。

10 　1997 年 7 月 7 日と 8 日。総勢 35 名での 1 泊 2 日の研修旅行であり，「ぐりん・ぴいす＆カタツムリ社」のほかに盛岡の福祉バンクも訪問している。『らびっと通信』第 205 号，1997 年 9 月 5 日。

11 　せんだい・みやぎ NPO センターの設立時の役員は次のとおり。代表理事：加藤哲夫，山田晴義，横須賀和江。常務理事：加藤哲夫，紅邑晶子。理事：大滝精一，新川達郎，福永隆子，藤田幸子，兵頭博行，中村祥子。監事：小松妙子，長谷川公一。

12 　『らびっと通信』第 223 号，1998 年 7 月 5 日。

13 　土屋とせんだい・みやぎ NPO センターの事務局長だった紅邑晶子とはその後も交流を続けており，土屋は後に紅邑から「私たちはアリスを追いかけていた」と，当時のアリスに対するせんだい・みやぎ NPO センター側の思いを聞かされたという（土屋インタビュー，前掲）。

14 　山岡義典・椎野修平インタビュー，2020 年 8 月 6 日，オンライン。

資料1　アリスセンター案内パンフレット（第1号，1988年）

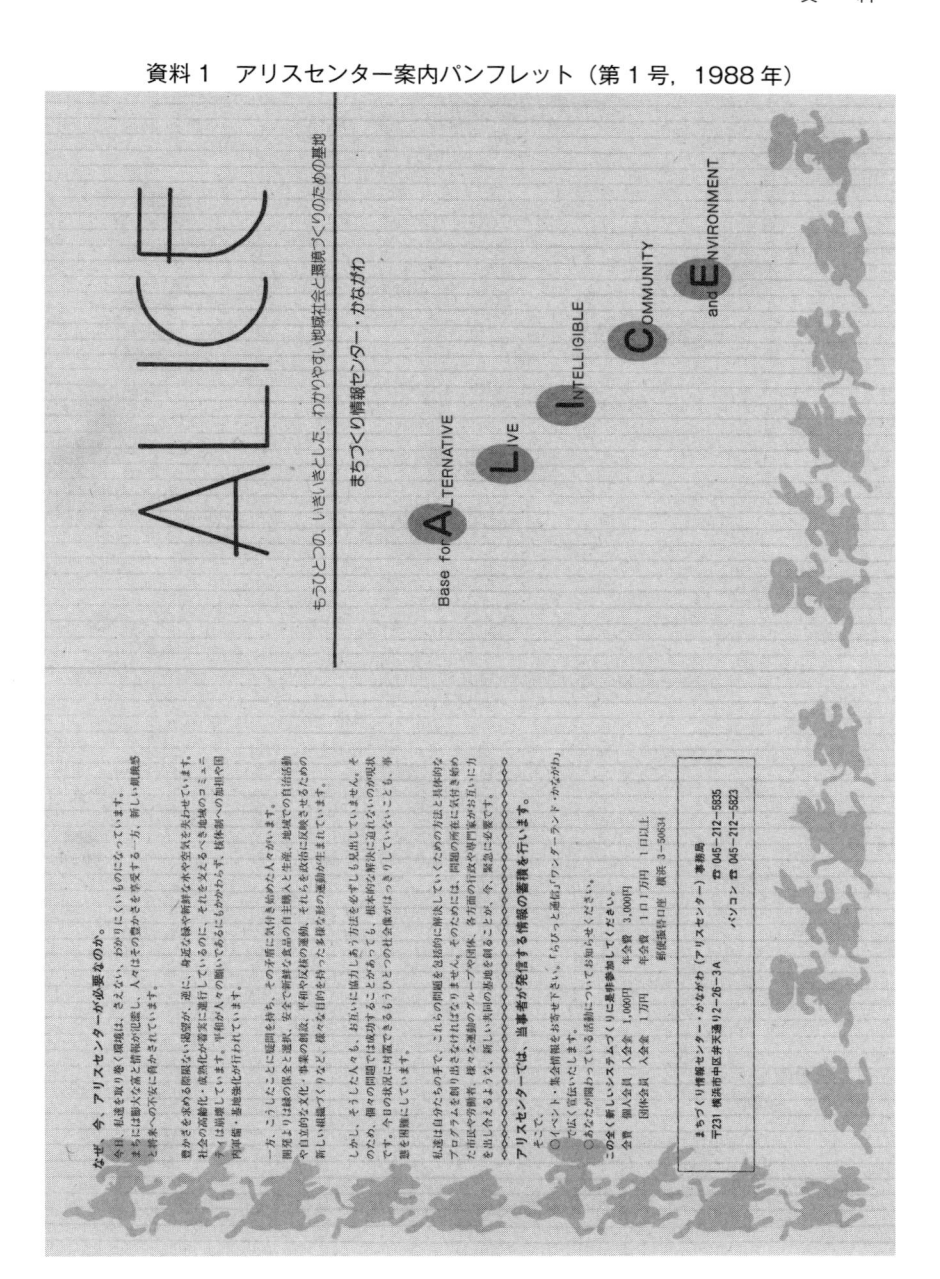

「脱・受け手」コミュニケーションシステムの実験

アリスセンターの目的

①今日の社会のあり方に疑問を持ち、新しい生き方や社会を創ろうと考えている人々が相互に交流する場をつくります。

②広く資料や情報を収集・ストックし、様々な創造的行動のための知識ベースとして活用します。

③課題別された情報や部分からの会意をもとに、問題を新しい視点から解決し、解決するための具体的プログラムを研究・開発します。

アリスセンターの活動

● いつ、どこで、どんなイベントが？
── 市民運動版・ぴあ

アリスセンターのニュースは「ありっと通信」で、都下のイベント、生活等の情報がわかります。

● だれもが情報発信者！
── パソコン通信「ワンダーランド」がわかわの利用

「ワンダーランド」がわかわは「アリスセンター」にホスト局を置くパソコン通信です。4月1日に開局します。ひとりひとりの声が、意見を同時に担う新しい、パーソナルなコミュニケーション回路のはたらき…

● どこにどんな人、団体がいるの？
── 市民団体・専門家のデータの蓄積

都下の市民団体の活動状況、分野ごとに専門家の情報をパソコンに入力し、要望に応じて提供します。（なんな機関の名簿か得られるか…）

● 自治体、議会は何をしているのだろう？
── 行政データ、議会データの蓄積

各機関の定例、行政機関の報告、議員の採決など、項目ごとに入力し、自治体、議会の様子をパソコンに入力します。基礎的な資料として役立とうとのでは…

● 合意形成の場をつくる
── 研究会・フォーラムの企画・共催

石油、消費者保護　時子供と老人問題、反核、ゴミ、フォーラムなどのセンター・テーマ別に、そして地域ごとに、多様な型定全テーマ会企画、運営及び共催することで、合意の形成、意識を高めます。

● 知恵は有効に使わなくっちゃ
── 専門家ネットワークの形成・活用

現代社会において、問題はいずれも検索に交流していきます。今日お互いに疎通していくる専門的知識や資料はもっと有効に使われるべきです。専門間の交流や各々の分野の専門家のネットワークを活用することは、市民的合意形成大いに大きな力になります。

── 新しい検索方法の開発

こうして蓄わられたデータをアリスセンター独自の「まちづくりキーワード」で検索できるようにします。これまでの既存のデーターベースのような縦割りの分類からの検索ではなく、それぞれの人々の問題の核心あるキーワードから、それに関連するデータ群を必要的に検索できるようなシステムをつくります。

● 市民運動資金の蓄積
── アリス基金の設立と運用

市民運動団体の基金をして「アリス基金」を設けます。当日当期下各団体のアフォーラム、イベントへの助成金として活用します。

資料2　アリスセンターの事業

1987（昭和62）年	準備事務所開設／パソコン通信「ワンダーランド・かながわ」開設／『らびっと通信』創刊
1988（昭和63）年	アリスセンター発会式／市民団体アンケート調査実施／イベント情報『らびっと通信』データベース化／「マルチナショナルモニター」記者エレン・フォスマー講演会／シュリー・アマルゴ講演会主催／設立総会，フォーラム「いま，わたしたちのまち」／生活クラブ生協厚木支部主催ミニフォーラム「地域集会施設を考える——地域自治に向けて」
1989（昭和64／平成元）年	港北区「まちと緑のシンポジウム」共催／緑区・青葉区道路問題研究会主催連続ミニフォーラム「環状4号線を考える」／トヨタ財団の市民活動助成を受ける（「市民活動を取り巻く『しくみ』の現状と課題に関する調査・検討」）／座談会「議員の役割とは何か」／脱原発かながわ主催シンポジウム「チェルノブイリの雲の下で」後援／第2回総会，講演「ニューメディアであるようで，ない CATV」／KJ ネット主催「宝船」後援／「新しい情報メディア」全5回連続懇親会開催／フォーラム「リサイクルって本当に役立つのか」／生き活き祭り参加
1990（平成2）年	トヨタ財団の市民活動助成を受ける（「"草の根マネージメント"の有り方と開発に関する調査・検討」）／シンポジウム「オバタリアンに政治ができるか」／リーフレット『地球を救う127の方法・日本版』作成（アースデイかながわ連絡会），神奈川県・横浜市・川崎市など6自治体が協力，5万部完売／アースデイ子どもの国参加／第3回総会，講演「自立的生活圏とネットワーキング」
1991（平成3）年	トヨタ財団の市民活動助成を受ける（「"草の根マネージメント"の有り方と開発に関する調査・検討」）／第4回総会，講演「ヨーロッパの新しい社会運動から学ぶもの」／フォーラム「安心して老いを迎えるための地域づくり」横浜市環境保全局：環境保全活動推進に関わる支援策等の検討調査
1992（平成4）年	地域労働文化会館公開講座「まちと地球の再発見」企画運営（アースデイかながわ連絡会）／第5回総会，講演「市民活動のスタイルとマネジメント」／市民活動マネジメント講座「市民活動も事業として仕事をしよう」／地域労働文化会館公開講座「エコロジー活動交流セミナー」企画運営（アースデイかながわ連絡会）／ファイバーリサイクルネットワーク設立／ファイバー・リサイクルに関する調査研究／横浜市環境保全局「よこはま環境伝言板」編集，版下作成／横浜市中区役所：新総合計画中区長期ビジョン区原案作成／横浜市：高齢化社会における消防対策に関する調査研究／横浜市環境保全局：企業，市民参加型環境保全事業の検討調査及び横浜市企業の環境保全活動支援意識調査／平塚市：市民文化基本構想の策定に関する調査研究／空き缶処理協会：商店街における廃棄物処理の実態調査／まいおか水と緑の

	会：市民利用施設の運営における市民参加のあり方調査／グラスルーツ・マネジメント講座／『(もっと)^{2}神奈川』編集委員会開始／非核自治体国際会議／『らびっと通信』100号突破／横浜市経済局：新しい産業分野実態調査
1993（平成5）年	ファイバーリサイクルネットワーク総会／アースデイ1993inこどもの国（アースデイかながわ企画，参画）／アリスセンター拡大運営委員会，有限会社設立についての討議／第6回総会，フォーラム「小さな町の大きな自治」（講師：富野逗子市長）／事務所引越し／相談業務開始／日米女性指導者ダイアローグ報告会／『(もっと)^{2}神奈川』発行（グラスルーツ in かながわプロジェクト）／地域労働文化会館公開講座「都市農業はどこへ行く」／フィールドワーク「米食らう門には，福来る」／(もっと)^{2}神奈川祭り／地域労働文化会館市民講座「町の農家も都市の市民」企画運営／地域労働文化会館市民講座フィールドワーク「こんなに近い野菜の畑と直売所」／地域労働文化会館市民講座「都市農地は良好な住宅地も生産します!?」／空き缶処理協会：商店街等小規模事務所におけるリサイクルのあり方調査／横浜市金沢区役所：金沢区地域マップ「金沢発見伝」づくり／神奈川県：相模川ネットワークづくり／小泉晨一：生活優先型の新たな政治をめざす政治提起に関する検討調査／横浜市資源リサイクル事業共同組合：集団回収に関する市民意識／空き缶処理協会：自動販売機脇等飲料容器分別回収システム策定緊急対策事業／通産省：古繊維リサイクルシステムづくり，プルトニウム・フリー，コミュニケーション連絡先／障害者のパソコン通信活用のニーズと支援システムに関する調査研究／グラスルーツ・マネジメント講座／日米女性指導者ダイアローグ報告会（フォーラムよこはま）と共催／『ファイバーリサイクルネットワークの手引き，すすめ』発行／『横浜市における古繊維回収システム構築に向けての調査研究，本編とダイジェスト版』発行／『集団回収に関する市民意識報告』発行／『ファイバーリサイクルネットワーク』紹介ビデオ作成
1994（平成6）年	地域労働文化会館市民講座「都市を畑を楽しむオモシロ農民」／地域労働文化会館市民講座「出会いはどこに？ 都市住民と農の接点」／フォーラムよこはまとの協力イベント「助成金はあなたを待っている」／第7回総会，講演「住民主体のまちづくりを支える新システムの現状」／有限会社アリス研究所設立（受託調査，研究，企画部門）／フォーラムよこはま「市民活動心援講座」企画協力／地域労働文化会館公開講座「市民参加のまちづくりとは何か」企画運営／横浜市緑政局：よこはまの森育成事業構想策定調査／横浜市緑政局：連続ミニフォーラムおよびシンポジウム開催業務／横浜市瀬谷区：瀬谷区ふるさとづくりシンポジウムの開催／金沢区社協：「福祉かなざわ」編集，版下作成
1995（平成7）年	第8回総会，活動交流会「市民グループが自立して活動するためには」／ピアネット設立（障害者とワープロ，パソコン通信研究会）

	（事務局委託）／中村地区まちとくらしを考える会発足（事務局委託）／水郷水都全国会議事務局支援／フォーラムよこはま「市民活動応援講座」企画協力／横浜市緑政局：よこはまの森育成事業基本計画策定調査／横浜市企画局：社会貢献活動基礎調査／横浜市下水道局：下水道広報体系化検討調査／川崎市企画財政局：まちづくり市民活動支援制度基礎調査／戸塚区役所：柏尾川マップづくり
1996（平成8）年	第9回総会，記念企画「サポートセンター　民間と行政の役割分担と連携」／市民活動応援講座「会計に強くなる」／ピアネット障害者医療情報ネットワーク「障害者の日常医療に関する調査支援」／日本青年会議所（JC）神奈川ブロックから依頼を受けて，県内数団体との交流会開催／NPOフォーラム'97現地事務局として準備／インターネット・ホームページ開設／横浜市緑政局：よこはまの森育成事業基本計画策定調査／横浜市総務局：災害マップづくり／南区パートナーシップ推進事業「南区をボランティアでいっぱいにする会」／川崎市企画財政局：まちづくり条例検討調査／世田谷まちづくりセンター：パソコン導入に関する調査
1997（平成9）年	第10回総会，記念講演「アメリカ社会の中の市民活動」／横浜市南区役所：南区パートナーシップ推進事業「南区をボランティアでいっぱいにする会」／横浜市緑政局：よこはまの森育成事業／横浜市緑区：緑区パートナーシップ推進事業「水と緑の回郎事業」／横浜市緑区：緑区パートナーシップ推進事業「子ども区役所」／横浜市都市計画局：まちづくり情報における市民の自主活動と生涯学習支援のあり方について／「NPOフォーラム'97 in かながわ」開催
1998（平成10）年	トヨタ財団の市民活動助成を受ける（「市民発かながわの市民活動白書『（もっと）²神奈川 PART2』（仮称）の作成を通じた，地域課題・地域資源の把握・分析・政策提言」）／第11回総会，記念フォーラム「民間の情報・支援センターの可能性」／NPOの日米比較調査（国際交流基金日米センター助成）／「よこはまの森フォーラム」事務局／よこはまの森フォーラム主催「全国雑木林会議」／「かながわNPO法研究会」発足・事務局運営／正会員活動支援事業（総額50万円・2件まで）開始／アリスセンターNPO法人化に向けての検討委員会
1999（平成11）年	NPO法人アリスセンター設立総会／NPO法人アリスセンター設立シンポジウム「これでいいのかNPO──なれあいから自立へ」／緊急雇用対策に関する神奈川県への提案／神奈川の地域課題・地域資源調査（トヨタ財団助成）／よこはま市民運営施設ネットワーク発足・事務局運営／ホームページ企画コンペ実施
2000（平成12）年	アリスセンターとして職員を雇用（これまではアリス研究所で雇用）／アリスセンターの実態把握に関するアンケート実施／ボランティア国際年シンポジウム実行委員会事務局／ホームページ・リニューアル／『らびっと通信』廃刊／「らびっとにゅうず」（メール

	マガジン),『たあとる通信』(季刊)創刊
2001(平成13)年	NPO スクエア（NPO 共同事務所）開設／神奈川子ども未来ファンド設立準備委員会発足・事務局運営／かながわボランタリー活動基金 21 に対する政策提言／かながわ県内のボランタリー団体の実態と行政との協働に関する調査（神奈川県受託事業）
2002(平成14)年	トヨタ財団の市民活動助成・市民社会プロジェクト助成を受ける（「NPO の政策提案力の開発と，NPO の参画を保障する自治体の政策形成システムの提案」）／財政構造の転換「サポート財源拡大キャンペーン」／たあとるセミナーの開始／かながわ NPO マネジメント・カレッジ企画運営／かんなびプロジェクト：インターネットで市民活動情報発信しくみづくり（地球環境基金助成事業）
2003(平成15)年	トヨタ財団の市民活動助成・市民社会プロジェクト助成を受ける（「NPO の政策提案力の開発と，NPO の参画を保障する自治体の政策形成システムの提案」）／かながわボランタリー活動推進基金21 NPO 検討会への参加／川崎市地球環境保全行動計画推進会議の運営業務（受託事業）／（財）港北ニュータウンまちづくり NPO 設立検討業務（受託事業）／NPO 団体情報ポータルサイト開設（「かんなび」プロジェクト）（助成事業）／勤労者マルチライフ支援事業（受託事業）／都筑区市民活動支援検討調査（受託事業）／川崎市コミュニティビジネス調査（受託事業）／「ボランティアグループマネジメント講座」企画運営／NPO 実務講座／『ウサギもカメもよくわかる NPO 実務』テキスト発行／専門家向け NPO 基礎講座／協働コーディネーター養成講座（環境事業団委託事業）
2004(平成16)年	NPO の政策提案力の開発と NPO の参画を保障する自治体の政策形成システムの提案／かながわボランタリー活動推進基金 21 NPO 検討会への参加／川崎市地球環境保全行動計画推進会議の運営業務（受託事業）／NPO 団体情報ポータルサイト開設（「かんなび」プロジェクト）（助成事業）／地域課題と NPO 等の動向調査／NPO 実務講座の開催／協働コーディネーター養成講座開催（受託事業，地球環境基金）／「ボランティアグループマネジメント講座」企画運営（受託事業，横浜市社会福祉協議会）／日産インターン受入れ／自治体（我孫子市）から研修生の受入れ
2005(平成17)年	かながわボランタリー活動推進基金21 NPO 検討会への参加／かわさき地球温暖化対策推進協議会の運営等に関する業務（受託事業）／「市民リポーター制度」を活用した情報収集，発信支援／横浜地域まちづくり支援システム検討調査（受託事業）／市民団体への経済的課題解決のための運営支援の方策——2005 年検討調査（受託事業）／シニア能力地域活用システム基礎調査（受託事業）／NPO 実務講座の開催／地球環境市民大学の企画，運営（受託事業）／「ボランティアグループ，市民活動団体のお悩み解決！スキルアップ講座」の開催（受託事業）／『知っておきたい NPO のこと【資金編】』の発行／

	インターン，研修生の受入れ
2006（平成18）年	利用者，納税者の視点による協働事業検証システムの開発（「政策の創造と協働のための横浜会議」支援対象研究）／原子力空母の横須賀配備に関するアンケート調査（原子力空母母港化の是非を問う住民投票を成功させる会から受託）／あさひ活動塾の企画，実施（旭区社会福祉協議会から受託）／公設市民活動支援施設人材育成事業の企画，運営（神奈川県提案型協働事業）／「かながわから始まる企業の社会的責任とパートナーシップ」フォーラムの開催（横浜市青年会議所助成事業）／かながわコミュニティカレッジ特別講座「新しい公共を考える」の開催（神奈川県NPO協働推進室との協働）
2007（平成19）年	かながわボランタリー活動推進基金21 NPO検討会への参加／「エコシティたかつ」循環型都市構造創造推進事業基礎調査／「河原の復権」推進事業実施業務／NPOの資金需要実態調査（豊かな公を支える資金循環システムに関する実態調査）／コミュニティ・ジョブ支援事業（シニアのためのNPOインターンシップ・プログラム）／法政大学大学院「まちづくりと都市政策セミナー」の企画・運営協力／公設市民活動支援施設人材育成事業の企画・運営／「自治体学フォーラム2008 in 逗子」事務局支援／環境金融国際フォーラムの開催（A SEED JAPANと共催）／「非営利ペイドワーク創出研究会」への参加
2008（平成20）年	民間委託研究プロジェクト／高津区協働推進事業外部評価（川崎市高津区から受託）／神奈川県「県民パートナーシップ条例」骨子案への意見提出／ソーシャル・ファイナンスの普及と社会的事業への資金循環システムの提案／「CSRから協働へ」連携公開講座の開催（明治大学非営利・公共経営研究所，横浜市立大学エクステンションセンター，神奈川県中小企業団体中央会との共催）／「エコシティたかつ」推進方針策定業務（川崎市高津区から受託）／神奈川県内NPO向けアンケート「協働の実態」調査（明治大学との共同研究）／議員向け研修講座の企画・運営（市民と議員の条例づくり交流会議との連携）／「非営利ペイドワーク創出研究会」への参加／コミュニティ・ジョブ支援事業（シニアのためのNPOインターンシップ・プログラム）（厚生労働省から受託）
2009（平成21）年	民間委託研究プロジェクト／高津区協働推進事業外部評価補助業務（川崎市高津区から受託）／ソーシャル・ファイナンス研究会（トラスト60財団より助成）／NPO・企業・行政等の多様な主体の連携に向けた取り組み（アリスカフェ等）／シニアとNPOのマッチングに関する実態調査（中央労働金庫より助成）／高齢者の就業機会創出とソーシャル・キャピタル形成のための社会的企業家育成に関する研究（明治大学非営利・公共経営研究所との連携）／「エコシティたかつ」推進事業（川崎市高津区から受託）／コミュニティ・ジョブ支援事業（シニアのためのNPOインターンシップ・プログラム）（厚生労働省

	から受託）／学生インターン，企業からの出向者受入れ
2010（平成 22）年	神奈川県公共契約研究プロジェクト／高津区協働推進事業外部評価補助業務（川崎市高津区から受託）／ソーシャル・ファイナンス研究会（トラスト 60 財団より助成）／「エコシティたかつ」推進事業（川崎市高津区から受託）／NPO・企業・行政等の多様な主体の連携に向けた取り組み（アリスカフェ等）／学生インターン，企業からの出向者受入れ
2011（平成 23）年	NPO のための労働環境整備支援プロジェクト（神奈川県新しい公共支援事業／NPO 提案型活動基盤整備事業）／NPO 次世代リーダー育成支援会議への参画（神奈川県新しい公共支援事業／新しい公共の場づくりのためのモデル事業）／「エコシティたかつ」推進事業（川崎市高津区から受託）
2012（平成 24）年	アリスセンターの 25 年を振りかえる実行委員会発足／NPO のための労働環境整備支援プロジェクト（神奈川県新しい公共支援事業／NPO 提案型活動基盤整備事業）
2023（令和 5）年	アリスセンター・シンポジウム「市民社会に向けた社会実験——アリスセンターの経験をバトンタッチする 1 日」，臨時総会で正式に解散

（出所）　アリスセンター各種資料により筆者作成。

資料3　アリスセンター　30の技術（2023年4月22日）

14の提言
何を目指し
たのか？

30の技術
何をやった
のか？

1 市民法人の可能性〜市民の声を集める装置をつくる
- 1）運営委員会から理事会へ
- 2）専従の事務局
- 3）会員組織
- 4）非会員とのネットワーク

2 市民メディアをつくる
- 5）らびっと通信
- 6）（もっと）²神奈川
- 7）地球を救う127の方法

3 ネットワークが社会を変える

4 市民シンクタンク〜市民の知恵を集める
- 14）アリス研究所
- 15）市民団体からの委託調査
- 17）たあとる通信

8）ワンダーランド・かながわ
9）障害者のパソコン通信ピアネット

個のネットワーク

10）流域のネットワーク
11）元気な市民の出会いのYEN-宴・縁・円・園

組織のネットワーク

5 事務局機能が市民活動を強くする

6 食えるNPOを目指す
- 18）NPOにおける雇用
- 19）見積書を適正価格でつくる

12）遊びに行ったら誰かに会える
13）NPOスクエア

ネットワークのハブ

16）事務局支援機能
16-1）市民による里山保全
16-2）ファイバーリサイクルネットワーク

9 行政とのつきあい方，闘い方

25）自治体職員とのインフォーマルな関係
22）基金21への対応
20）NPO法人と政治の関係についてのキャンペーン
21）NPO法制定時のロビーイング

23）ウサギもカメもよくわかるNPOの労務
24）NPOの労働環境改善プロジェクト

10 市民による市民のための協働をめざす

26）協働の知恵を継承する場
27）協働のアウトカムからの評価

8 NPOの政策提案力を高める

7 働けるNPOをめざす

11 市民のための支援組織をめざす

30）神奈川子ども未来ファンド
12 オルタナティブファンドをつくる
13 私たちはどのような市民社会をめざすのか
14 志と経験を継承するために〜市民社会を創造し支えるもの

28）公設の市民活動支援センターの受託にこだわらない
29）平等に支援をしない

技術 1 運営委員会から理事会へ

　アリスセンターは任意団体として設立した 1988 年から NPO 法人化する 1989 年までは，学識者，市民活動関係者，生協関係者，労働組合関係者，無所属議員などが運営委員会を構成し運営していた。NPO 法人化にともない理事会が執行機関となったが，それまでの運営委員は代表 1 名を除いて退任し，新たな理事にバトンタッチし，NPO 法人アリスセンターとしての新体制となった。当初の理事の任期は，2 期（4 年）までとし，新陳代謝を重視したが，2 期での交代では継続した運営が難しく，後に任期の制限は撤廃した。（川崎）

☞ 提言 1 市民法人の可能性〜市民の声を集める装置をつくる

技術 2 専従の事務局

　アリスセンターは 1988 年の設立当時から，生活クラブ生協のバックアップもあり，事務所と専従の事務局スタッフが存在した。当時，市民団体はほぼボランティアによって担われる組織であり，専従の事務局スタッフがいる団体は珍しかった。専従の事務局がいたからこそ，市民団体等との連絡やふらっと訪れる人たちへの対応も可能となり，会員拡大や事業の継続的な実施も可能となった。（川崎）

☞ 提言 1 市民法人の可能性〜市民の声を集める装置をつくる

技術 3 会員組織

　設立当初は，市民活動の情報センター・支援センターという存在は珍しく，神奈川県内の市民活動関係者を中心にアリスを支えてくれる会員は約 300 名程度だった。会員は，会費によってアリスセンターを支える存在であるとともに，それぞれの思いや問題意識を持ち寄りアリスセンターを形成する存在だった。NPO 支援が一般化し，各地に市民活動支援組織や市民活動支援センターが設立される中で，アリスセンターは会員拡大に苦労するようにもなった。（川崎）

☞ 提言 1 市民法人の可能性〜市民の声を集める装置をつくる

技術 4 非会員とのネットワーク

　アリスセンターにとって会員は組織を構成し支える重要な存在であったが，アリスセンターの特徴は，会員に限らず，神奈川県内の市民団体・NPO や行政，専門家，県外の NPO 支援組織等との広範なネットワークにあった。県内外の様々なセンターの人たちと折に触れて相談・情報交換することで，アリスセンターには公式・非公式の情報が集まり，そうしたネットワークと情報の集積が，さらに多くの人たちとのつながりを広げていった。（川崎）

☞ 提言 1 市民法人の可能性〜市民の声を集める装置をつくる

技術5　らびっと通信

アリスセンターが設立当初から2000年まで発行していた情報誌。当時は情報発信のツールがペーパーメディアに限られている中で，市民団体の情報誌というのはほとんどなかった。らびっと通信は，神奈川県内の市民活動の動きや，市民団体が主催するイベント情報等を掲載し，月2回発行した。2000年にはらびっと通信に替わって，季刊誌たあとる通信と，メールマガジンらびっとにゅうずを発行するようになった。（川崎）

☞　提言2　市民メディアをつくる

技術6　(もっと)² 神奈川

神奈川県内の市民団体やお店などを編集メンバーが訪問してつくった，市民団体のカタログ。1993年に「(もっと)² 神奈川」，2000年に「もっともっともーっと神奈川！」を発行。団体の連絡先まで記載され，これから活動を始めよう，という読者の役にたったことはもちろんのこと，これをつくることによって，アリスセンターのスタッフと個々の市民団体の関係がつくられ，その後の活動展開の礎となった。（饗庭＋川崎）

☞　提言2　市民メディアをつくる

技術7　地球を救う127の方法

1990年のアースデイに何ができるかを考え，多様なメンバーが得意な分野を担当してつくったパンフレット。アメリカの「地球を救う133の方法」を日本の状況に応じて書き直したもので，特に127番目の「酒を飲み，歌い，踊る」が評判になった。

これ以降，世間では，○○を救う○○の方法が増えた。（土屋）

☞　提言2　市民メディアをつくる

技術8　ワンダーランド・かながわ

アリスセンターの設立は1988年。日本でパソコン通信サービスが始まったのもこの頃。Nifty-serve，PC-VANの大手のほか，中堅どころの一つに，日経MIX（にっけいミックス）があった。次に地域ごとのパソコン通信も始まっていった。日経MIXで仲良くなった何人かの横浜のメンバーが，神奈川でも始まるというので遊びに行こう，というか，システムのお世話をしていこうという感じで行ったのが，アリスセンターの事務所。アリスセンターで始まった地域BBSは「ワンダーランド・かながわ」，略して「ワンかな」。（竹井）

☞　提言3　ネットワークが社会を変える

技術 9 ピアネット（障がい者とワープロ・パソコン通信研究会）

　インターネットが普及する以前に，障がいをもつ人ともたない人が共に作るパソコン通信ネットを運営。障がい者の自立支援の一環として，通信を行うための技術支援（パソコンボランティアによる）や，イベント・講座の開催，交流などを行った。アリスはその事務局を担った。（松尾）

☞ 提言 3 ネットワークが社会を変える

技術 10 流域のネットワーク

　90 年代になって，川の流域に関わる団体のネットワークづくりが盛んになった。鶴見川流域ネットワーキングもその一つ。相模川でも流域で多様な団体が活動していたので，ネットワークづくりの機運が高まり，アリスセンターを事務局に 1995 年に市民ネットワーキング相模川が発足した。（土屋）

☞ 提言 3 ネットワークが社会を変える

技術 11 元気な市民の出会いの YEN―宴・縁・円・園

　1988 年 1 月に一回目が開催された。よこはまかわを考える会が呼びかけ，アリスセンターは事務局を担った。呼び掛け文には「……多様なグループが面的なネットワークになれば，どんなに素晴らしいでしょう。そんな思いを込めて，水・緑・子供・まち etc に関わる人々やグループの出会いの場をセットしてみました」とある。同じ活動を行う団体同士のネットワークも大事だが，他分野と連携したり，行政や企業と連携することで，できることも広がる，という思いがあった。（土屋）

☞ 提言 3 ネットワークが社会を変える

技術 12 遊びに行ったら誰かに会える

　アリスセンターに行くと事務局の人たち，ちょっと，フィクサーみたいな奥にでーんと座っている人，そして，何より，いろんな人が出入りしている雰囲気が面白かった。勉強会のようなものもあり，なんか，新しい活動しているという雰囲気が魅力的だったのだろう。1984 年に翻訳出版された，リップナックとスタンプスによる『ネットワーキング』。何か，新しい市民活動が始まるんだ，みんなで参加していこうとワクワクしたものである。アリスセンターは，それを形にしていったのではないだろうか。（竹井）

☞ 提言 3 ネットワークが社会を変える

技術 13 NPO スクエア

　2001 年に商業施設の横浜ワールドポーターズの 6 階の約 60 坪のスペースにアリス

センターや市民セクターよこはまなど約 10 団体が共同オフィスを構えた。当時市民団体の共同オフィスはまだほとんど前例がなく，ワールドポーターズの管理会社と交渉を重ねて，市民団体の共同入居に理解を求めた。その後，市民団体・NPO の共同オフィスは広がっていった。NPO スクエアの入居団体は NPO スクエア連絡会を構成しルールづくりを行い，現在でも定例会議を行っている。アリスセンターは解散を前に，2023 年 4 月で退去する。（川崎）

☞　提言 3　ネットワークが社会を変える

技術 14　アリス研究所

　1994 年に，法人格を取得して仕事をして組織として自立しよう，という考えのもと，有限会社アリス研究所を設立。しかし，次の年に震災が起きて，NPO 法が夢ではなくなったので，実際にアリス研究所が実働したのは 5 年程度である。当時，自治体行政で市民活動に関する調査や施策化が相次いでおり，アリス研究所でそうした調査や計画策定に関わる業務を受託することも多く，行政施策の立案過程への市民・市民活動団体の参加を，受託事業を通して試みる機会ともなった。（土屋＋川崎）

☞　提言 4　市民シンクタンク～市民の知恵を集める

技術 15　市民団体からの委託調査

　アリスセンターが委託調査という分野に取り組み始めた 1992 年に，当時，横浜市内の舞岡公園予定地で，公園の市民運営を提案していたまいおか水と緑の会からの委託を受け「市民利用施設の運営における市民参加のあり方調査」を実施した。市民団体が，調査を委託しその検証結果をもって提案するという試みは画期的であり，アリスセンターにとっても，市民シンクタンクの必要性を感じさせるものとなった。（川崎）

☞　提言 4　市民シンクタンク～市民の知恵を集める

技術 16　事務局支援機能

　専従事務局がいるアリスセンターには，1990 年ごろからアースディかながわ連絡会，（もっと）² 神奈川編集委員会など，市民や市民団体が集まって何かをやろうとするときの事務局を依頼されることが多くなり，ファイバーリサイクルネットワークは，事務局を担うことがネットワークの立ち上げ支援ともなった。その後も，ピアネット，かながわ NPO 法研究会，かながわ子ども未来ファンドなど事務局を担いつつ，新たなネットワークや組織の立ち上げと運営支援を行うことが多くなった。事務局支援機能は，単に事務作業を担うということでなく，社会に働きかける支援で

もあり，事務局機能の強化が市民活動には必要だと実感した。(川崎)

☞ 提言 5 事務局機能が市民活動を強くする

技術 16-1 市民による里山保全

　横浜市の市民意識調査で，50％の人が「機会があったら，里山保全活動をしてみたい」と言う回答があり，当時の緑政局とともに市民による里山保全活動の支援を始めた。横浜市内で多くの団体の立ち上げ支援を行い，全国雑木林会議などのイベントの事務局も担った。その後活動はよこはま里山研究所に引き継がれた。(土屋)

☞ 提言 5 事務局機能が市民活動を強くする

技術 16-2 ファイバーリサイクルネットワーク

　連続講座「リサイクルって本当に役に立つのか？」が終了した時，「勉強だけしてアクションを起こさなくて良いのか？」という声があがり，県内の消費者団体とともに活動をたちあげた。古繊維再生業者と連携してファイバーリサイクルネットワークが回収拠点を設け，古繊維再生業者が回収・再生するという古繊維リサイクルのシステムをつくった。現在でも，ファイバーリサイクルネットワークは活動を続けている。(土屋＋川崎)

☞ 提言 5 事務局機能が市民活動を強くする

技術 17 たあとる通信

　たあとる通信は，2000 年に創刊し，2013 年の設立 25 周年記念号（37 号～ 40 号）の後は，発行できないままとなった。2000 年当時はインターネットも一般化し，それまでの情報誌らびっと通信に掲載していた市民団体のイベント情報は速やかに配信できるメールマガジンらびっとにゅうずで配信し，たあとる通信では，その時々の市民活動や NPO に関わるテーマを取り上げて問題提起するオピニオン誌的なものとなった。(川崎)

☞ 提言 2 市民メディアをつくる
☞ 提言 8 NPO の政策提案力を高める

技術 18 NPO における雇用

　アリスセンターは当初から専従の事務局がいたからこそできた事業も多く，アリス研究所を設立し，生活クラブ生協から財政的に独立した後も数人のスタッフを雇用していた。NPO が組織として定着し，継続的に事業を行っていくためには，NPO における雇用を拡大していくことが重要であるが，一方で NPO であるという理由で安い賃金で働く人たちという固定観念もあり，それでは人材が集まらず，また，結

婚や子育てを機にNPOを退職せざるをえない人が多いという状況をなんとかしたいと思っていた。ただし，アリスセンターも2014年度以降は財政的に雇用は難しい状況だった。（川崎）

☞ 提言6 食えるNPOをめざす

技術19 見積書を適正価格でつくる

　NPO法が成立し，NPOへの委託事業も増えていく中で，NPOで働く人たちも少しずつ増えていった。しかし「NPOはボランティアだから人件費はかからないでしょ」「NPOは非営利組織だから，安い賃金で働いてくれるんだよね」という，とんでもない誤解が，行政に蔓延。アリスセンターはアリス研究所時代から，民間コンサルタントの価格設定を参考に，人件費積算基準を作っていたが，NPO法ができてからは，NPO法人だという理由でそれが通らないという逆転現象も起こってきた。まずは適正価格での見積書を提出し交渉する，という地道な努力を強いられるようになった。（川崎）

☞ 提言6 食えるNPOをめざす

技術20 NPO法人と政治の関係についてのキャンペーン

　NPO法人が増えるにしたがって，NPOの活動が，社会運動としての性格よりサービス提供の性格が強まっていくことに危機感を感じ，NPOの政策提案機能を高めるプロジェクトやたあとる通信での問題提起を行った。中でも，NPO法の第二条第2項で定められているNPO法人は特定の候補者や政党を支持したり反対してはいけない，ということを，「NPOは政治に一切かかわってはいけない」「政治からは距離を置く必要がある」と解釈したり，政治的に争点になっている問題には関わらない方が無難だ，政府が進める政策に異議を唱えたりすべきではないというNPOも増えてきた。NPO法人は課題解決のために，必要に応じて政治にも積極的に働きかける必要があるというキャンペーンをたあとる通信等を通して行った。（川崎）

☞ 提言8 NPOの政策提案力を高める

技術21 NPO法制定時のロビーイング

　1995年の阪神・淡路大震災後，NPOへの関心が高まり，NPO法案（NPOからの提案は「市民活動促進法案」）が国会でも審議されるようになった。シーズ・市民活動等の呼びかけで，全国各地のNPO支援組織が地域のNPOにも協力を呼びかけ，国会議員にも個別に働きかけるなどの運動を行った。アリスセンターでも神奈川出身の国会議員を訪問してNPO法に対する理解を求めた。NPO法が制定される1998年にはアリスセンターが事務局となってかながわNPO法研究会を立ち上げ，NPO

法に対して NPO 同士で理解を深める学習会やシンポジウムを行い，国会議員，自治体議員へも参加を呼びかけた。（川崎）

☞ 提言 8 NPO の政策提案力を高める

技術 22 基金 21 への対応

2001 年，神奈川県がかながわボランタリー推進基金 21 を設置し，NPO と県の協働事業を選考する協働事業負担金を始めようとした。事前に県内 NPO には知らされることはなく，新聞で報道された。アリスセンターは，NPO と県の協働事業はそのしくみづくりのプロセスも協働で行うべきだと主張し，県内の NPO とともに県に働きかけた。すでに設置されていた選考のための審査会の委員も，アリスセンターや NPO の動きに呼応し，基金 21 の運用開始は予定より遅れたものの，協働事業負担金事業の対象や選考プロセスなどを，NPO を交えた場で議論することができた。（川崎）

☞ 提言 8 NPO の政策提案力を高める
☞ 提言 9 行政とのつきあい方，闘い方

技術 23 ウサギもカメもよくわかる NPO の労務

NPO 法人としての税務，労務などに不慣れな団体が多く，アリスセンターでは 2003 年に，アリスセンターの協力者だった税理士や社会保険労務士などとともに，「ウサギもカメもよくわかる NPO の労務」「ウサギもカメもよくわかる NPO の税務」を発行した。労働者ではない有償ボランティアが存在していたり，非営利法人として課税対象となる収益事業の収入と非課税となる会費や寄附の扱いなど，一般的な労務や税務の手引書ではわからない NPO 法人の労務や税務を専門家である社労士や税理士とともに検討しながら作成した。（川崎）

☞ 提言 7 働ける NPO をめざす

技術 24 NPO のための労働環境整備支援プロジェクト

多様な関わり方・働き方ができるのが NPO の特徴であるが，法人格をもって事業を行う NPO が増え，NPO で雇用されて働く人が珍しい存在ではなくなってきた。「働く場」としての環境整備は途上にあるという課題認識のもと，NPO の労働環境整備に必要な視点や支援のあり方を考えるプロジェクトを行った。1 年目に県内 NPO 法人の実態調査を行い，調査結果をもとに働く場としての NPO のあり方について報告会を開催，報告書はホームページで公開した。2 年目は，NPO で働く人自身に労働に関する正しい知識やルールを知ってもらうため，専門家と一緒に「NPO で働く人が知っておきたい労務 Q&A ハンドブック」を制作・公開した。（藤枝）

☞ 提言 7 働ける NPO をめざす

技術 25　自治体職員とのインフォーマルな関係

　市民セクターに立脚するアリスセンターのスタッフやそこに集う市民と，行政セクターに属する自治体職員にとって，アリスセンターという場は，相互にその組織論や背景，立場の違いを理解しようと，共通の言語を探りながら，対話を試みる場として常に開かれていた。アリスセンターのスタッフや市民活動を担う人たちは，確実に「新しい公共」の担い手でもあり，狭義の公共を担ってきた自治体職員は，地域においては一人の生活者であり，市民社会における自律した一市民となるべき模索をしていた。いくつかの対話を重ねる中で，そこに信頼たりうるインフォーマルな関係が構築され，結果として，いくつかの創造的な新たな制度設計が可能となったともいえる。(中村)

☞ 提言 9 行政とのつきあい方，闘い方

技術 26　協働の知恵を継承する場

　横浜市で子育てネットワーク組織2002年に「一万人子育て提言プロジェクト」(その後「よこはま１万人子育てフォーラム」と改称し，2020年「(一社) ラシク045」に発展的解散し今に至る) として 18 区横断的に乳幼児の居場所調査を子育て家庭当事者で実施し，地域の常設の場づくりの必要性を生の声として行政に提言。現在，横浜市内に 67 ケ所の親と子のつどいの広場事業 (補助事業) や 25 ケ所の地域子育て支援拠点事業 (委託事業) に繋がっていった。補助から委託事業に制度化されていくプロセスは草の根の市民発意の活動が公的事業になった成果でもあった。一方で市民が市民のために動き続けられるために，行政との対等な協働のあり方について，子育て支援分野が後発で未整備なところを，先例の知恵として環境分野や高齢者支援，障害児者支援など他分野で蓄積されてきたノウハウを忌憚なく継承しつつ盤石にサポートをしてくれたのがアリスセンターからの多くの知見だった。

　協働を理念的に掲げる不確かなものから契約書や仕様書に明記し合意していく必要性，要綱や条例との関連性などを共に学び，提案し，時々に牽引し常に伴走してくれた視座からは市民活動支援のあるべき姿をも強烈に学ばせてもらいました。(原)

☞ 提言 10 市民による市民のための協働をめざす

技術 27　協働のアウトカムからの評価

　NPO と行政の協働事業が広がるなか，協働の評価は，協働の当事者となった NPO

と行政の関係性が着目されがちで，NPO と協働することで生まれる成果が見えづらかった。「政策の創造と協働のための横浜会議市民」の研究支援金を活用して，協働事業の成果を測る視点の検討に取り組んだ。横浜市の協働事業提案制度モデル事業から 4 つの協働事業を事例に選んでヒアリング調査を実施。NPO との協働による成果検証に必要な視点として「地域資源の活用」「地域での関係強化」「利用者ニーズの反映」「行政施策への影響」を挙げ，これらを測る指標開発の必要性を横浜会議政策発表会で提案した。（藤枝）

☞ 提言 10 市民による市民のための協働をめざす

技術 28 公設の市民活動支援センターの受託にこだわらない

たあとる通信（全 40 号）では「サポートセンターを考える」特集を 3 回組んでいる（1 号，13 号，27 号）。一貫して主張していたのは，公設の市民活動支援センターを受託した立場では「できないこと」があるのではないか，ということ。たとえば，政治的イシューとの関わり（20），ロビーイング活動（21），行政への提案・協働の働きかけ（22）などは，公設センターの運営者の立場では動き難い。そして，これらこそ，自ら市民活動の主体であるアリスセンターにとって大事な活動と考えられていた。（藤枝）

☞ 提言 11 市民のための支援組織をめざす

技術 29 平等に支援をしない

アリスセンターは，民間の支援組織であり，行政の公平性に縛られることはなかった。市民活動や市民運動には，政治的な争点をはらむテーマもあった。例えば基地に反対する運動，脱原発運動，開発反対運動などである。アリスセンターはこうした運動にも，運営委員会や理事会で議論し，積極的にどのような運動や主張を支援するかを打ち出した。また，NPO 法人が増えていく中で，NPO という組織を平等に支援するより，取り組む課題や目的に共感して支援するというスタンスが強かった。（川崎）

☞ 提言 11 市民のための支援組織をめざす

技術 30 神奈川子ども未来ファンド

2001 年に，アリスセンター，子どもや若者を支援する NPO，パブリックリソースセンターが集まり，神奈川子ども未来ファンド設立準備会を立ち上げた。アリスセンターが事務局を担い，市民や企業から寄附を募り，子ども・若者を支援する団体に助成を行うファンドを検討し，NPO 法人神奈川子ども未来ファンドを設立した。その後神奈川子ども未来ファンドが独立するまで，アリスセンターが事務局を担っ

た。（川崎）

☞ 提言 12 オルタナティブファンドをつくる

アリスセンター 30 の技術
アリスセンターシンポジウム
市民社会に向けた社会実験 配布資料
2023 年 4 月 22 日　発行

<h2 style="text-align:center">資料4　インタビュー・リスト</h2>

氏　　名	所属（インタビュー時）	年　月　日	場　　所
饗庭 伸	東京都立大学教授	2019 年 11 月 15 日	東京都立大学
後 房雄	名古屋大学教授	2016 年 3 月 19 日	名古屋駅カフェ
内海 宏	㈱地域計画研究所代表	2021 年 8 月 23 日 2021 年 9 月 2 日	オンライン オンライン
川崎あや	アリスセンター事務局長 インクルージョンネットかながわ 代表理事	2005 年 9 月 9 日 2021 年 6 月 26 日 2021 年 7 月 24 日	アリスセンター オンライン オンライン
上林得郎	神奈川県地方自治研究センター顧問	2023 年 10 月 30 日	オンライン
椎野修平	日本 NPO センター特別研究員	2019 年 3 月 14 日	日本 NPO センター
菅原敏夫	地方自治総合研究所委嘱研究員	2019 年 6 月 17 日	かながわ県民活動 サポートセンター
鈴木健一	アリスセンター理事	2021 年 7 月 11 日 2021 年 7 月 15 日	オンライン オンライン
辻 利夫	まちぽっと事務局長	2016 年 5 月 14 日	まちぽっと
土屋真美子	まちぽっと理事	2021 年 8 月 22 日	オンライン
土屋真美子 川嶋庸子	まちぽっと理事 いちはつ処副代表	2021 年 8 月 24 日	オンライン
築 雅之	高崎商科大学副学長	2022 年 8 月 19 日	オンライン
中島智人	産業能率大学教授	2022 年 8 月 16 日	オンライン
播磨靖夫	たんぽぽの家理事長	2006 年 8 月 2 日	たんぽぽの家
早坂 毅	早坂毅税理士事務所代表	2019 年 6 月 17 日	早坂毅税理士事務所
松原 明	シーズ事務局長	2008 年 1 月 23 日	シーズ
水谷衣里	株式会社 風とつばさ代表取締役	2022 年 10 月 25 日	オンライン
藤井敦史	立教大学教授	2022 年 11 月 2 日	オンライン
藤枝香織	ソーシャルコーディネートかながわ 事務局長	2021 年 8 月 25 日 2023 年 3 月 10 日	オンライン オンライン
山岡義典 椎野修平	助成財団センター理事長 日本 NPO センター特別研究員	2020 年 8 月 6 日	オンライン
横田克巳	生活クラブ生協・神奈川顧問	2019 年 11 月 14 日	生活クラブ生協・ 神奈川
米田佐知子	子どもの未来サポートオフィス代表	2022 年 6 月 21 日	オンライン
渡辺 元	日本 NPO センター特別研究員	2006 年 2 月 23 日	日本 NPO センター

あ と が き

　そもそも筆者がアリスセンターの存在を知ったきっかけは，1994 年 3 月に総合研究開発機構（NIRA）から出された『市民公益活動基盤整備に関する調査研究』の中でその名前を見かけたことだった。この調査報告書は，NPO 支援組織のまたもうひとつのルーツともいえる財団法人（現在は公益財団法人）奈良まちづくりセンターの事務局長だった木原勝彬と，後にビッグイシューを立ち上げる佐野章の 2 人が計画し，山岡義典に取りまとめを委ねたものであった。そこでは当時の日本のさまざまな市民活動団体を対象にしたアンケート調査が行われ，その団体の名称がリスト化されていた。そこには「過疎を逆手にとる会」，「アースデイ」，「相思社」といったユニークな団体の名前が並んでおり，その中のひとつにアリスセンターの名前もあったのである。

　アメリカの文献などを中心に非営利組織の研究を始めていた筆者は，文献で学んでいた非営利組織と日本における実際の非営利組織とのギャップを感じていた。日本での非営利組織に該当すると思われた公益法人のことを調べたり，すでにその世界では有名となっていた大阪ボランティア協会などを観察していた。まだ NPO 法もできておらず，日本 NPO センターもなかったその頃に，さまざまな日本の市民活動団体を対象にしたアンケート調査も含んだ『市民公益活動基盤整備に関する調査研究』には大きな刺激を受けた。

　その当時の日本の市民活動団体は，今日と比べると世間的にはずっとマイナーな存在で，大阪ボランティア協会が発行する『月刊ボランティア』や，JYVA（日本青年奉仕協会）が刊行する『グラスルーツ』，公益法人協会が刊行する『公益法人』など，各分野のいくつかの専門誌で実際の団体の様子をある程度は知ることはできたが，それらもやはり部分的であり，多様な市民活動の全体像はなかなか把握できなかった。法人格を有する民間公益活動団体の代表的なものである公益法人でさえ，一部の主務官庁で所管の公益法人の一覧を公開するのみで，全体の実態が明らかになるのは『平成 9 年版公益法人白書』を待たなければならなかったのである。

それは，まだインターネットもなく，ごく一部のマニアたちがようやく電話回線を利用したパソコン通信を始めていたような時代だった。新聞や雑誌にも載らない市民活動団体の存在や様子を知るには，その活動の現場や団体の事務所に直接足を運ぶくらいしかなかったのである。

　そして 1995 年 1 月に阪神・淡路大震災が起こり，ボランティアや市民活動を取り巻く状況は大きく変わっていった。その年はまた同時に，Microsoft の OS である Windows 95 が日本でも爆発的に売れ，インターネットが一気に普及していった年でもあった。これまであまり情報の入らなかった全国の市民活動団体の様子がネットを通じて知られるようになり，それらの団体が関わるイベント等の情報も入るようになっていった。

　そうした NPO のブームともいえるような状況の中で，アリスセンターは注目されるようになっていた。そもそも 1988 年の活動のスタート時から，パソコン通信のホスト事業を手がけ，神戸の震災の頃には紙媒体の情報誌をすでに 10 年近く発行していたので，アリスセンターの情報の発信力や蓄積は群を抜いていたのである。ネットで発信されるアリスセンターの情報は地元である横浜市や神奈川県にとどまらず，全国的にその活動の様子を伝えていた。2005 年にアリスセンターが事務所を「みなとみらい 21」にあるワールドポーターズに移し，他の団体とともにオフィス・シェアリングすることを知り，すでにアリスセンターの準会員となっていた筆者は，アリスセンターが事務局を担当していた横浜 NPO 研究会に参加したり，当時の事務局長だった川崎あやにインタビューを行ったりした。また，そのオフィス・シェアリングである NPO スクエアのオープニング・イベントにも参加し，関係団体や関係者を観察した。本書に挿入された画像のいくつかは，その頃に撮影したものである。

　その時点では，筆者は NPO や NPO のサポートセンターの研究を進める中で，アリスセンターはその中のひとつとして考えていた。そして，日本 NPO センター，NPO サポートセンター，NPO 事業サポートセンター，せんだい・みやぎ NPO センターなど，やはりすでに知られていた NPO 支援組織を観察し，キー・パーソンたちへのインタビューを行っていた。

　そうした調査の過程で NPO 支援組織に関するいくつかの論文を書き，日本 NPO センター設立 10 周年の記念誌にその設立経緯を書いたりしていたが，そ

の一方で，おそらくは会費の振込を失念していたのだろう，いつの間にかアリスセンターの機関誌であった『たあとる通信』は届かなくなっていた。また，アリスセンターの運営が厳しそうだという噂も耳にするようになっていた。しかし，設立25周年記念として『たあとる通信』が4カ月にわたって毎月発刊されたことを知り，ここでアリスセンターのホームページよりその25周年記念の4冊の送付を依頼した。その対応にあたっていたのが，その当時の理事であった菅原敏夫であったことに気づき，アリスセンターのここしばらくの様子を聞くためにインタビューを申し込んだ。そこからアリスセンターに焦点を当てて，あらためて詳細に調べることになった。

アリスセンターについては，すでに手元にかなりの資料やインタビュー記録もあったので，追加的な資料の探索や分析を続けながら，モノグラフを書きはじめた。とりあえず，アリスセンターに関する今後の研究の見取り図になるものをつくるつもりで，おおざっぱな通史のようなものを書こうと考えていたのである。当初は紀要に2回にわたって掲載するつもりだったが，予定より大幅に記述量が増え，結局は紀要に3回にわたって掲載することになった。また，それらを踏まえて，その時点での理論的考察を行い，学会誌に投稿した。具体的には以下のとおりである。

吉田忠彦「アリスセンターの設立と事業展開——中間支援組織の解体のために（上）」『商経学叢』67巻3号，2021年3月，121-138ページ。
吉田忠彦「アリスセンターの設立と事業展開——中間支援組織の解体のために（中）」『商経学叢』68巻3号，2022年3月，407-440ページ。
吉田忠彦「アリスセンターの設立と事業展開——中間支援組織の解体のために（下）」『商経学叢』69巻3号，2023年3月，181-228ページ。
吉田忠彦「NPO支援組織と制度ロジック変化——アリスセンターのケース」『非営利法人研究学会誌』第24号，2022年8月，35-49ページ。

このモノグラフの（上）の草稿と年表を準備した上で，かつてインタビューした川崎あやに再び連絡を取り，インタビューすることにした。そのモノグラフの草稿は，アリスセンターができるまでの過程や，設立を構想したキー・

パーソンたちのことを中心にしたもので，その記述の詳細さは，川崎をはじめその後にインタビューするアリスセンター関係者たちがインタビューに応じる判断材料となったようだった。

　川崎の紹介で土屋真美子や藤枝香織へのインタビューを行い，そしてその頃のアリスセンターの理事で事務局を担っていた鈴木健一と連絡を取り合うようになった。鈴木とは日本 NPO センターの設立プロセスの研究の中で，すでに何度か会っていたし，神奈川県職員時代の活動なども知っていた。その頃の鈴木は何度目かの手術も受け，あまり体調もよくなかったようだったが，2 度にわたってオンラインによるインタビューに応じてくれ，アリスセンターに関するものだけでなく，彼個人のアメリカ視察の際の資料も提供してくれた。

　こうして，多くのアリスセンター関係者たちにモノグラフの草稿と年表に事前に目を通してもらい，その上でインタビューし，事実確認を行い，さらにそれまで把握していなかった事象やその背景などを聞き取り，それをまたモノグラフに反映するという作業を繰り返した。その作業の中では，修正すべき点や追加すべき点などが判明しただけでなく，事実関係は間違いないとしても，それをめぐる経過やその背景についての理解がインタビュー対象者によって異なることも多く見られた。また，インタビュー対象者の中には，そのモノグラフを読んで自分が関わっていなかった時期のアリスセンターの様子を初めて知ったり，知っていた事がらでもその事情を初めて知ったとコメントする者も多かった。あるいは，自分はこのときにはすでにアリスセンターから出ていて，ほとんど関わりもなくなったので，その後のことはほとんど知らないというコメントもよくあった。

　アリスセンターが団体として存続していたのが 35 年。それに構想期などを含めるとさらに長いその歴史の中で，それぞれが関わった時期は部分的なので，そうしたコメントも当然なのだが，「組織」というあたかもひとつの主体があるかのように考えてしまう経営学的組織論の既存の概念にいつの間にか染まっていた筆者には，そうしたコメントは新鮮に感じられた。

　そうしたことが頭の片隅に残っていた中で，何周目かの生活クラブ生協に関する文献の読み直しの中で，「おおぜいの私」というキーワードとそれらが結びつくようになった。生活クラブという組織あるいは運動は，あくまでも

「私」という個人の実践であって，その集まりが生活クラブであるという概念は，そのままアリスセンターにも当てはまると考えたのである。「おおぜいのアリスたち」という第6章でのフレーズは，もちろんこの生活クラブ生協の言葉を引いたものである。

また，そうした「おおぜいのアリスたち」がアリスセンターに出入りする様を「乗りものとしての組織」と表現したのは，アリスセンターの最初のスタッフの一人だった築雅之へのインタビューの中で，築が何気なく口にした言葉からインスピレーションを得たものである。しかし，その言葉に反応したというのは，W. R. スコットの『制度と組織』をはじめ，社会学的制度理論とか新制度理論と呼ばれる研究動向の文献を多く読んでいたからであろう。

日本でのこの新制度理論に立った研究は，欧米の研究者の論文をレビューしたり，解釈の仕方を議論するものがほとんどだったが，アメリカ経営学会に参加した際には，この新制度理論のセッションにはひときわ大きな会場が設けられ，多くの研究者が集まっており，おびただしい数のケース研究が進められていることを実感した。こうした研究の動向に鑑み，自分自身の意識としては，できるだけ既存の組織論等の概念や理論に縛られないように記述し，考察するつもりであったが，やはり「組織」，「制度」，「ロジック」などの欧米の研究から学んだ概念の影響はかなり現れている。しかし，欧米のジャーナルを追いかけ，流行している理論に合うようなケースを探し，結論もはじめから用意されているような研究にはならないように，という思いは最後まで持ち続けたつもりである。

アリスセンターのことを本格的に調べはじめたときには，すでに緒形昭義は故人となっていた。彼がアリスセンターに関わっていたのはアリスセンターの歴史の中の前半までであったが，それでもやはり一番重要なキー・パーソンであったことは間違いないだろう。その人柄から友人が多く，追悼の文集が作成されていたことが，この研究にとっても大きかった。

鳴海正泰は，コンタクトを取ろうとしたときにはすでに体調を崩していた。横浜市の仕事を終えた後は関東学院大学の教授となり，自治体に関する多くの著作を著していたので，研究者のつながりの中で何とか面談の機会を探ろうと

していたが，それも叶わないものとなった。

　横田克巳とは須田春海を偲ぶ会で偶然に会うことができ，その場で面談を申し込んだ。「携帯とかパソコンとかはまったくやらないので，往復はがきで連絡してくれ」と言われて少し面食らったが，その後なんとか電話でアポを取り，新横浜駅からほど近い生活クラブ生協・神奈川の特別顧問室で長時間にわたって話を聞くことができた。また，そのインタビュー後も，横田は時どき資料のコピーの束を送ってくれた。「携帯とかパソコンとかはまったくやらない」という横田には対面でのインタビューしかなかったが，その後はコロナ禍が広がり，面談などは難しくなってしまった。しばらく横田から資料が送られてこないことに気づいた頃に，訃報に接することになった。横田を偲ぶ会は，川崎あやが連絡と申し込みの手間を取ってくれた。横田を偲ぶ会では，アリスセンターの設立前の様子を知るほぼ最後の一人となった上林得郎と面識を得ることになり，その後のインタビューにつながった。

　アリスセンターの終盤に理事と事務局を担った鈴木健一は，パブリックリソース財団の久住剛と同期入職の神奈川県の職員だった。手術後は元気そうにはしていたものの，県職員だった頃を知る誰もが心配するほどの痩せようだった。それでも神奈川こども未来ファンドの理事をはじめ，市民ファンドの関係の活動もこなしていた。鈴木にはこの研究を進める上での基礎資料となった『らびっと通信』のコピーの手配や，アリスセンター関係者へのインタビューのアレンジなどでお世話になった。

　本書の原稿をひととおり完成させ，ゲラの校正に入ろうとしたときに，松原明からまちぽっとの事務局長だった辻利夫の逝去を知らされた。亡くなったのは，そのひと月ほど前のことだった。辻は本書の中でも触れた『NPO法（特定非営利活動促進法）制定10年の記録』というまさに歴史に残る事業の裏方を担った。彼自身の語りや，彼が聞き手となったインタビュー記録もその中に含まれることからいえば，裏方を超えた役割を担ったともいえるだろう。辻が立ち上げから事務局長を担った東京ランポは，生活クラブの支援を受けて生まれたということでは，アリスセンターと姉妹のような関係だった。東京における生活クラブやさまざまな市民活動のことなど，生き字引のようだった辻からさらに聴き取りをするという約束は果たせないものとなってしまった。

　さらに，本書の最終の校正作業のさなかに播磨靖夫の訃報が入った。播磨はたんぽぽの家はもちろんのこと，アリスセンターに関わりの深い日本 NPO センター，JYVA（日本青年奉仕協会），パブリックリソース財団などにおいても重要な役割を担った。日本の市民活動の歴史におけるキー・パーソンの一人として，その名は語り継がれるだろう。

　筆者のアリスセンターに関する研究にとってキー・パーソンとなったこれらの故人のご冥福をお祈りするとともに，本書を彼らに捧げたい。

　もちろん，その他のインタビューに応じていただいた方がた，そしていろいろな形で貴重な情報を提供していただいた多くの方がたにも，あらためてお礼を申し上げたい。とりわけ，アリスセンター立上げ期のスタッフだった土屋真美子，川崎あや，築雅之の３人には，出版に際して貴重な写真を提供していただいたり，いく度にもわたる写真や原稿の内容の確認など，惜しみないご協力をいただいた。『らびっと通信』や『たあとる通信』でイラストを担当した矢野真美（旧姓・勝野）に，あらたにこの本の表紙のイラストを依頼することができたのも土屋らの取次があってのことだった。矢野には，アリスセンター関係のイラストレーターとしてはその先輩にあたる石岡真由海に，『らびっと通信』のイラスト等の掲載の承諾も確認してもらった。

　ますます出版事情が厳しくなる中で本書の刊行に応じていただいた有斐閣，そして筆者の恩師の一人である田尾雅夫先生との共著『非営利組織論』のご縁から本書の編集をお引き受けいただき，さまざまなご手配をいただいた柴田守氏に，記して御礼申し上げたい。

　最後に，筆者の大学入学以来の長年の恩師である堀田和宏先生のこれまでの公私にわたるさまざまなご厚情に，この場をお借りして御礼申し上げたい。

　　2024 年 10 月

吉田　忠彦

謝辞

＊本研究は JSPS 科研費 21K01665，22K01739，23K01540，23K01575，24K05045 の助成を受けたものである。

参考文献一覧

饗庭伸（1995a）「市民主体のまちづくりを支える仕組み その① 川崎市『市民共同のまちづくり』」『らびっと通信』第 165 号，2-12 ページ

饗庭伸（1995b）「市民主体のまちづくりを支える仕組み その② 横浜市『都市デザインと地域まちづくり』」『らびっと通信』第 167 号，11 月 5 日号，2-10 ページ

饗庭伸（2001）「『基金 21』を通して NPO と行政の協働のあり方を考える」『たあとる通信』第 4 号，13-26 ページ

饗庭伸・石塚貴子・川嶋庸子・米田佐知子（2004）「まちづくり NPO 登場 2 かながわの市民社会をつくるアリスセンター」『季刊まちづくり』第 2 号，87-88 ページ

飛鳥田一雄（1987）『生々流転——飛鳥田一雄回想録』朝日新聞社

アースデイ日本編（1990）『地球を救う 133 の方法』家の光協会

安東仁兵衛（1980）『続・戦後日本共産党私記』現代の理論社

飯田進・鈴木陽子・吉原敏子編（1981）『コミュニティづくり・ひとつの試み——「汐見台ニュース」の 15 年』「コミュニティづくり・ひとつの試み」発刊委員会

井口剛編著（1976）『飛鳥田一雄を斬る——権力・革新・市民』新國民社

石神圭子（2021）『ソール・アリンスキーとデモクラシーの挑戦——20 世紀アメリカにおけるコミュニティ組織化運動の政治史』北海道大学出版会

石堂清倫（2001a）『わが異端の昭和史 上』平凡社

石堂清倫（2001b）『わが異端の昭和史 下』平凡社

石堂清倫・竪山利忠編（1976）『東京帝大新人会の記録——現代思想の原流を創る』経済往来社

岩根邦雄（1978）『生活クラブとともに——岩根邦雄半生譜』生活クラブ生活協同組合

岩根邦雄（1979）「構造改革論の実践」『江田三郎』刊行会編『江田三郎——そのロマンと追想』『江田三郎』刊行会，335-357 ページ

岩根邦雄（2004）「行動する市民と社会」メールマガジン『オルタ』第 2 号

岩根邦雄（2012）『生活クラブという生き方——社会運動を事業にする思想』太田出版

岩根邦雄（2017）「生活クラブ半世紀の経験からの提言」市民セクター政策機構『生活クラブ創立 50 周年記念 生活クラブの初心・変転・未来』市民セクター政策機構，64-90 ページ

岩根邦男論述，柏井宏之企画，清水亮子・河本美智子編集（2004）『21 世紀の「生活者」たちへ——生活クラブ 40 年によせて：岩根邦雄論述集』市民セクター政策機構

宇津木朋子・田辺紀子・中村浩子・古沢広祐（1987）『もうひとつの暮らし・働き方をあなたに——ワーカーズ・コレクティブ入門』協同図書サービス

『江田三郎』刊行会編（1979）『江田三郎——そのロマンと追想』『江田三郎』刊行会

岡崎ひろし政策研究会編（2003）『行くに径に由らず——知事二期八年の軌跡』神奈川新聞社

緒形昭義（1967）「市民こそ総合的都市計画の推進者」『調査季報』第 13 号，36-37 ページ

緒形昭義編（1988）『阿修羅の軌跡──"池子の森"を守る運動の軌跡』"池子の森" 救護行動

緒形昭義（2006）「読書ノート 宮内嘉久著『前川國男──賊軍の将』廃墟からの再出発」『社会評論』第 144 号（冬号）120–121 ページ

緒形昭義氏追悼文集編集委員会編（2008）『緒形昭義氏追悼文集 緒形昭義のこと』

岡部一明（1986a）「市民のつくるパワフル・メディア──安くパソコン通信する法」『グラスルーツ』第 21 号，911 ページ

岡部一明（1986b）『パソコン市民ネットワーク』技術と人間

岡部一明（2000）『サンフランシスコ発：社会変革 NPO』御茶の水書房

加藤好一（2012）「若き岩根邦雄と生活クラブの『夢の時代』──岩根邦雄著『生活クラブという生き方』刊行によせて」『At プラス：思想と活動』第 11 号，131–142 ページ

川崎あや（1985）「『良いか悪いか』から『面白いかどうか』──自由ラジオ『FLY-DAY88』」『現代の理論』第 22 巻第 11 号，14–24 ページ

川崎あや（1986a）「市民文化と市民政治」『現代の理論』第 23 巻第 1 号，65–72 ページ

川崎あや（1986b）「"保守化" とさわぐな！」『現代の理論』第 23 巻第 10 号，36–43 ページ

川崎あや（1999）「町づくり支援の実験──アリスセンター（まちづくり情報センター・かながわ）の 10 年」『アーバン・アドバンス』名古屋都市センター，第 14 号，43–49 ページ

川崎あや（2002）「市民社会へ──個人はどうあるべきか」まちづくり市民財団編『まちづくりと市民参加IV』34–40 ページ

川崎あや（2003）「市民活動と自治──理念としての「自治」から，実践としての「自治」へ」『まちづくりと市民参加V──市民活動と自治』まちづくり市民財団，43–51 ページ

川崎あや（2004）「市民活動を支援する市民活動」（特定非営利活動法人）参加型システム研究所『「市民活動セクターと自治体の間の市民自治基本協定」への提言』神奈川ネットワーク運動，30–31 ページ

川崎あや（2013）「アリスセンターの出来事」『たあとる通信』第 37 号，6–13 ページ

川崎あや（2020）『NPO は何を変えてきたか──市民社会への道のり』有信堂高文社

川崎興太（2005）「アメリカにおけるプランニング理論の変遷に関する研究──都市計画の構造転換についての理論的探究に向けて」『都市計画論文集』第 40–1 巻

上林得郎（2008）「市民社会のはしご・緒形先生」緒形昭義氏追悼文集編集委員会編『緒形昭義氏追悼文集 緒形昭義のこと』92–93 ページ

上林得郎（2013）「たあとる通信特集号発刊によせて」『たあとる通信』第 38 号，2 ページ

功刀俊洋（2008）「革新市政発展前史──1950 ～ 60 年代の社会党市長（1)」『行政社会論集』第 20 巻第 2 号，77–134 ページ

功刀俊洋（2009）「革新市政発展前史──1950 ～ 60 年代の社会党市長（2の上)」『行政社会論集』第 22 巻第 1 号，45–130 ページ

久保孝雄（2006）『知事と補佐官──長洲神奈川県政の 20 年』敬文堂

グラスルーツ in かながわプロジェクト編（1993）『（もっと)^2 神奈川！──地域を楽しく生きる人・店・グループのエコロジカルネットワークリスト』

粉川哲夫編（1983）『これが「自由ラジオ」だ（犀の本）』晶文社

小島廣光（2003）『政策形成と NPO 法──問題，政策，そして政治』有斐閣

小塚尚男（1994）『結びつき社会──協同組合その歴史と理論』現代の理論社

小林仁・川瀬博・石川孝之（2013）『池子の森のエコフィロソフィ』合同出版

佐藤東洋麿（2008）「Ogt という自由人──混沌と明晰のはざまで」緒形昭義氏追悼文集編
　　集委員会編『緒形昭義氏追悼文集　緒形昭義のこと』114–117 ページ

佐藤慶幸編著（1988）『女性たちの生活ネットワーク──生活クラブに集う人びと』文眞堂

佐藤慶幸（1996）『女性と協同組合の社会学──生活クラブからのメッセージ』文眞堂

佐藤慶幸・天野正子・那須壽編著（1995）『女性たちの生活者運動──生活クラブを支える
　　人びと』マルジュ社

篠原一（1977）『市民参加』岩波書店

市民がつくる政策調査会編（2017）『市民政調 20 年の軌跡──市民活動と政治をつなぐ政策
　　形成活動の試み』生活社

市民セクター政策機構（2017）『生活クラブ創立 50 周年記念　生活クラブの初心・変転・未
　　来』市民セクター政策機構

菅谷久保（2008）「NAU」緒形昭義氏追悼文集編集委員会編『緒形昭義氏追悼文集　緒形昭
　　義のこと』20–23 ページ

菅原敏夫（2009）「市民の市長をつくる会」岸本重陳追悼文集刊行委員会編『愛──岸本重
　　陳の思い出』藤原書店，37–40 ページ

菅原敏夫（2013）「市民法人の出来事」『たあとる通信』第 38 号，12–21 ページ

鈴木実（1989）「若者の肖像〔土屋真美子〕やっぱり“ツフー”じゃありません！」『グラス
　　ルーツ』第 36 号，14–15 ページ

生活クラブ生活協同組合編（1978）『主婦の生協づくり──10 万の主婦・10 年の体験』三一
　　書房

全国革新市長会，地方自治センター編（1990）『資料・革新自治体』日本評論社

せんだい・みやぎ NPO センター編（2002）『設立 5 周年記念誌　せんだい・みやぎ NPO セ
　　ンターの仕事──NPO サポート・SENDAI モデル』

総合研究開発機構（NIRA）（1994）『市民公益活動基盤整備に関する調査研究』（NIRA 研
　　究報告書 No. 930034）総合研究開発機構

総合研究開発機構（NIRA）（1996）『市民公益活動の促進に関する法と制度のあり方』（市
　　民公益活動基盤整備に関する調査研究　第 2 期）（NIRA 研究報告書 No. 960075）総合研
　　究開発機構

武井昭夫（2005）『層としての学生運動──全学連創成期の思想と行動』スペース伽耶

武井昭夫（2008）「畏友緒形君の高校（旧制）時代から」緒形昭義氏追悼文集編集委員会編
　　『緒形昭義氏追悼文集　緒形昭義のこと』2–5 ページ

谷勝宏（2003）『議員立法の実証研究』信山社

田村明（2006）『都市プランナー田村明の闘い──横浜〈市民の政府〉をめざして』学芸出
　　版社

田村明（2008）「緒形昭義君のこと」緒形昭義氏追悼文集編集委員会編『緒形昭義氏追悼文
　　集　緒形昭義のこと』6–7 ページ

築雅之（1987a）「『乗り物』と『荷物』」『現代の理論』第 24 巻第 2 号，45-50 ページ

築雅之（1987b）「東大駒場の運動から」『現代の理論』第 24 巻第 5 号，40-46 ページ

地方自治センター資料編集委員会編（1998）『資料・革新自治体（続）』日本評論社

土屋真美子（1985）「戦後史のない世代から（『戦後史』〔正村公宏著〕を読む）」『現代の理論』第 22 巻第 8 号），65-69 ページ

土屋真美子（1987）「学生運動 86 年・68 年（大学生活とは何であったか）」『現代の理論』第 24 巻第 2 号，16-21 ページ

土屋真美子（1988）「パソコン通信と年齢差」『幼児の教育』第 87 巻 3 号，62-63 ページ

土屋真美子（1990）「エコロジカル・ライフスタイルを求めて――『地球を救う 127 の方法・日本版』を作ってみて」『調査季報』（横浜市）第 107 号，32-41 ページ

土屋真実子（1999）「神奈川の市民活動の変化に応じて，変わってきたアリスセンター」『造景』第 19 号，84-88 ページ

土屋真美子（2001）「サポートセンターを考える」『たあとる通信』第 1 号，3-18 ページ

土屋真美子（2004）「国民生活金融公庫からお金を借りる――アリスセンター」『たあとる通信』第 16 号，55-56 ページ

土屋真美子（2009a）「神奈川の市民活動支援の特殊性」村橋克彦監修，横浜市立大学国際総合科学部ヨコハマ起業戦略コース編著『横浜まちづくり市民活動の歴史と現状――未来を展望して』学文社，第 8 章，121-142 ページ

土屋真美子（2009b）「対等なパートナーシップに基づく『協働契約』のあり方――横浜市の協働の実態と課題」世古一穂編著『参加と協働のデザイン――NPO・行政・企業の役割を再考する』学芸出版社，172-194 ページ

土屋真美子（2013）「協働の 25 年――協働はもう過去の話か？」『たあとる通信』第 39 号，28-32 ページ

富野暉一郎（1991）『グリーン・デモクラシー――いま池子から訴える』白水社

富野暉一郎（近刊）「解題　市民の視点から見た神奈川県逗子市の池子米軍住宅建設反対運動――21 世紀の米中対立とウクライナ戦争の時点から振り返る逗子市の市民運動」『逗子市米軍住宅建設反対運動資料 1　別冊』すいれん舎

トヨタ財団（2006）『トヨタ財団 30 年史』トヨタ財団

内閣府国民生活局編（2002）『NPO 支援組織レポート 2002――中間支援組織の現状と課題に関する調査報告書』

鳴海正泰（1998）「横浜市・1 万人集会」地方自治センター資料編集委員会編『資料・革新自治体（続）』日本評論社，226-246 ページ

鳴海正泰（2003）『自治体改革のあゆみ――付 証言・横浜飛鳥田市政のなかで』公人社

鳴海正泰（2008）「緒形さんと市民・社会活動」緒形昭義氏追悼文集編集委員会編『緒形昭義氏追悼文集 緒形昭義のこと』100-101 ページ

鳴海正泰（2012）「【覚書】戦時中革新と戦後革新自治体の連続性をめぐって――都政調査会の設立から美濃部都政の誕生まで」『自治総研』第 402 号，95-125 ページ

西尾敦史（2017）『横浜発助けあいの心がつむぐまちづくり――地域福祉を拓いてきた 5 人の女性の物語』ミネルヴァ書房

西尾勝（1975）『権力と参加――現代アメリカの都市行政』東京大学出版会

似田貝香門・大野秀敏・小泉秀樹・林泰義・森反章夫編（2008）『まちづくりの百科事典』丸善

日本 NPO センター（1997）『NPO のひろば』創刊準備号

日本 NPO センター編（2007）『市民社会創造の 10 年——支援組織の視点から』ぎょうせい

日本 NPO センター（2008）『NPO のひろば』第 52 号

ネットワーキング社会研究所（1989）『NWer（ネットワーカー）'89』第 1 号

ハウジングアンドコミュニティ財団編著（1997）『NPO 教書——創発する市民のビジネス革命』風土社

朴姫淑（2005）「地域ネットワーク運動における生活政治の拡大と障害——「神奈川ネットワーク運動」の事例から」『ソシオロゴス』第 29 号，163–179 ページ

橋本徹・古田精司・本間正明編（1986）『公益法人の活動と税制——日本とアメリカの財団・社団』清文社

初谷勇（2001）『NPO 政策の理論と展開』大阪大学出版会

原田峻（2020）『ロビイングの政治社会学——NPO 法制定・改正をめぐる政策過程と社会運動』有斐閣

平山洋介（1991a）「アメリカのコミュニティ・ベースト・ハウジング」『日本建築学会近畿支部研究報告集．計画系』第 31 号，713–716

平山洋介（1991b）「アメリカにおける CDCs の発展とコミュニティ・ベースト・ハウジングの特性」『都市計画論文集（都市計画別冊）』第 26-B 巻，739–744

平山洋介（1993）『コミュニティ・ベースト・ハウジング——現代アメリカの近隣再生』ドメス出版

『POPEYE（ポパイ）』（1979）第 59 号（7 月 25 日号）

堀田祐三子（2005）『イギリス住宅政策と非営利組織』日本経済評論社

『毎日新聞』（1981）「新方式・生協運動の〝教祖〟豪邸建築でつまずく」3 月 16 日 14 版

まちづくり情報センターかながわ（1987）『らびっと通信』第 1 号

まちづくり情報センターかながわ（1988）『らびっと通信』発会記念号

まちづくり情報センターかながわ（2001a）『たあとる通信』第 2 号

まちづくり情報センターかながわ（2001b）『かながわの市民社会 1990's——アリスセンターの 10 年を通じて』

まちづくり情報センターかながわ（2001c）『たあとる通信』第 4 号

まちづくり情報センターかながわ（2013a）『たあとる通信』第 37 号

まちづくり情報センターかながわ（2013b）「アリスの年表」『たあとる通信』第 37 号，31–37 ページ

丸橋敏之（2003）「横浜市市民活動共同オフィスにおける市民協働」『調査季報』第 152 号，12–15 ページ

丸山茂樹（2017）『共生と共歓の世界を創る——グローバルな社会的連帯経済をめざして』社会評論社

道場親信（2017）「『社会』と『社会運動』への豊かな想像力を——月刊『社会運動』30 周年に寄せて」道場親信『社会運動としての協同組合——個人化の時代と生活クラブ』市民セクター政策機構，48–52 ページ（初出『社会運動』第 363 号，2010 年 10 月）

緑と子供を守る市民の会記録・編集委員会（1985）『市民協奏曲──逗子市長戦への軌跡』みみずくぷれす

宮内嘉久（2005）『前川國男──賊軍の将』晶文社

村橋克彦監修，横浜市立大学国際総合科学部ヨコハマ起業戦略コース編著（2009）『横浜まちづくり市民活動の歴史と現状──未来を展望して』学文社

藻谷小一郎（1962）『現代の組織論』青木書店

もっかな探険隊（編集）（2000）『もっともっと"もーっと"神奈川──今どきまっとうな人・店・グループを訪ねて『もっかな探険隊』が行く‼』夢工房

森泉章（1977）『公益法人の研究』勁草書房

山田宗睦（1979）『市民選挙の実験＝ヨコハマ燃ゆ』三一書房

山田宗睦（2008）「国家対市民緒形」緒形昭義氏追悼文集編集委員会編『緒形昭義氏追悼文集 緒形昭義のこと』90–91 ページ

横田克巳（1989）『オルタナティブ市民社会宣言──もうひとつの「社会」主義』現代の理論社

横田克巳（1992）『参加型市民社会論──オルタナティブ市民社会宣言・2』現代の理論社

横田克巳（2002）『愚かな国の，しなやか市民──女性たちが拓いた多様な挑戦』ほんの木

横田克巳（2017）「生活クラブ 50 年──総括のための視点とヒント」市民セクター政策機構『生活クラブ創立 50 周年記念 生活クラブの初心・変転・未来』市民セクター政策機構，91–118 ページ

横浜市こども青少年局（2010a）「財団法人 横浜市青少年育成協会の名称変更予定について」（こども青少年・教育委員会資料）

横浜市こども青少年局（2010b）「財団法人 横浜市青少年育成協会の公益認定について」（こども青少年・教育委員会資料）

横浜市住民運動連合編（1969）『住民運動誕生──新しい横浜づくり 6 年間の記録』労働旬報社

吉田忠彦（2004）「NPO 中間支援組織の類型と課題」『龍谷大学経営学論集』第 44 巻第 2 号，104–113 ページ

吉田忠彦（2007）「日本 NPO センターができるまで」日本 NPO センター編『市民社会創造の 10 年──支援組織の視点から』ぎょうせい，第 5 章

吉田忠彦（2016）「仙台市市民活動サポートセンターの設立プロセス」『商経学叢』第 63 巻 1 号，83–94 ページ

吉田忠彦（2020）「市民活動支援をめぐる施設，組織，政策──アクターネットワーク理論の視点」『非営利法人研究学会誌』第 22 巻，57–73 ページ

Blecher, E. M. (1971) *Advocacy Planning for Urban Development : With Analysis of Six Demonstration Programs* (Praeger special studies in U. S. economic and social development), Praeger. （横浜市企画調整局都市科学研究室訳『アドボカシィ・プランニング──都市計画における市民参加の新しい試み』非公刊，1977 年）

Davidoff, P. (1965) Advocacy and pluralism in planning, *Journal of the American Institute of Planners*, 31 (4), 331–338.

186

Elzen, B., M. van Mierlo, and C. Leeuwis (2012) Anchoring of innovations: Assessing Dutch efforts to harvest energy from glasshouses, *Environmental Innovation and Societal Transitions*, 5, 1–18.

Franks, J. (2010) Boundary organizations for sustainable land management: The example of Dutch environmental co-operatives, *Ecological Economics*, 70 (2), 283–295.

Gorz, A. (1978) *Écologie et politique*, Seuil. (高橋武智訳『エコロジスト宣言』緑風出版, 1983 年)

Hyysalo, S., J. Juntunen, and S. Freeman (2013) Internet forums and the rise of the inventive energy user, *Science and Technology Studies*, 26 (1), 25–51.

Hyysalo, S. and S. Usenyuk (2015) The user dominated technology era: Dynamics of dispersed peer-innovation, *Research Policy*, 44 (3), 560–576.

Johnson, G., A. Langley, L. Melin, and R. Whittington (2007) *Strategy as Practice: Research Directions and Resources*, Cambridge University Press. (宇田川元一・高井俊次・間嶋崇・歌代豊訳『実践としての戦略——新たなパースペクティブの展開』文眞堂, 2012 年)

Kivimaa, Paula., W. Boon, S. Hyysalo, and L. Klerkx (2019) Towards a typology of intermediaries in sustainability transitions: A systematic review and a research agenda, *Research Policy*, 48 (4), May, 1062–1075.

Lipnack, J. and J. Stamps (1982) *Networking: The First Report and Directory*, Doubleday & Company . (正村公宏監修, 社会開発統計研究所訳『ネットワーキング——ヨコ型情報社会への潮流』プレジデント社, 1984 年)

Melucci, A. (1989) *Nomads of the Present: Social Movements and Individual Needs in Contemporary Society*, Temple University Press. (山之内靖・貴堂嘉之・宮崎かすみ訳『現在に生きる遊牧民——新しい公共空間の創出に向けて』岩波書店, 1997 年)

Mintzberg, H. (1973) *The Nature of Managerial Work*, Harper & Row. (奥村哲史・須貝栄訳『マネジャーの仕事』白桃書房, 1993 年)

Nielsen, K. H. (2016) How user assemblage matters: Constructing learning-by-using in the case of wind turbine technology in Denmark, 1973–1990, S. Hyysalo, T. Elgaard Jenssen, and N. Oudshoorn (Eds.), *The New Production of Users: Changing Innovation Collectives and Involvement Strategies*, Routledge, 101–125.

Parag, Y. and K. Janda (2014) More than filler: Middle actors and socio-technical change in the energy system from the"middle-out", *Energy Research and Social Science*, 3, 102–112.

Smink, M., S. O. Negro, E. Niesten, and M. Hekkert (2015) How mismatching institutional logics hinder niche-regime interaction and how boundary spanners intervene, *Technological Forecasting and Social Change*, 100, 225–237.

Tisenkopfs, T., I. Kunda, S. šūmane, G. Brunori, L. Klerkx, and H. Moschitz (2015) Learning and innovation in agriculture and rural development: The use of the concepts of boundary work and boundary objects, *The Journal of Agricultural Education and Extension*, 21 (1) 13–33.

Touraine, A.（1980）*L'après-socialisme*, Grasset.（平田清明・清水耕一訳『ポスト社会主義』新泉社，1982 年）

索　　引

◎ 事　　項

◎ 人名・組織名等

著者紹介　　吉田　忠彦（よしだ　ただひこ）

1988 年，近畿大学大学院商学研究科博士後期課程修了
現在，近畿大学経営学部教授
専攻：非営利組織論，公企業論，経営戦略論
主要著作：『地域と NPO のマネジメント』（編著）晃洋書房，
2005 年；『非営利組織論』（共著）有斐閣，2009 年；『ボラ
ンティアの今を考える』（共編著）ミネルヴァ書房，2013
年；*Entrepreneurship and Cluster Dynamics*（分担執筆）
Routledge, 2016；『市民社会論』（分担執筆）法律文化社，
2017 年；『日本のコレクティブ・インパクト』（分担執筆）
中央経済社，2022 年

NPO 支援組織の生成と発展
──アリスセンターによる市民活動支援の軌跡

Emergence and Development of a Support Organization for Nonprofit Organizations

2024 年 11 月 30 日 初版第 1 刷発行

著　者　　吉田忠彦
発行者　　江草貞治
発行所　　株式会社有斐閣
　　　　　〒101-0051 東京都千代田区神田神保町 2-17
　　　　　https://www.yuhikaku.co.jp/
カバーイラスト　矢野（勝野）真美
印　刷　　萩原印刷株式会社
製　本　　大口製本印刷株式会社
装丁印刷　株式会社亨有堂印刷所

落丁・乱丁本はお取替えいたします。定価はカバーに表示してあります。
©2024, Tadahiko Yoshida.
Printed in Japan. ISBN 978-4-641-16639-4